세상에서 가장 중요한 것이
무엇이냐고 물으면
사람, 사람, 사람이라고 답할 것이다.

마오리족 격언

초등생을 위한 인권특강

국립중앙도서관 출판시도서목록(CIP)

(초등생을 위한) 인권특강 / 지은이: 윤해윤. -- 서울 :
나무처럼, 2015
　 p. :　 cm. -- (초등 특강 시리즈)

표제관련정보: 다문화 사회에서 소수자들과 불편하게 사는 즐거움
ISBN 978-89-92877-31-2 73330 : ₩10000

인권[人權]

342-KDC6　　　　　　　CIP2015002358

초등생을 위한 인권 특강

다문화 사회에서 소수자들과 불편하게 사는 즐거움

윤해운 지음

나무처럼

프롤로그

2014년 8월 14일, 프란치스코 교황이 한국을 방문했어요. 종교를 떠나 이 땅에서 교황을 맞이한다는 건 많은 사람에게 위로와 희망을 주었어요.

교황은 한국을 방문하는 중에 사람이 행복해지는 비결에 대해서 말씀하셨어요. 바로 '행복 10계명'이지요. 특별한 내용은 아니었지만 그동안 잊고 있던 것들이라 사람들의 마음을 움직였어요.

1. 내 방식대로 살고 남도 그렇게 살게 하자.
2. 남에게 마음을 열자.

3. 조용히 나아가자.
4. 건전한 여가를 즐기자.
5. 일요일은 가족과 함께하자.
6. 젊은이에게 가치 있는 일자리를 줄 혁신적인 방법을 찾자.
7. 자연을 존중하고 돌보자.
8. 부정적 태도를 버리자.
9. 다른 사람을 개종하려 하지 말자.
10. 평화를 위해서 행동하자.

    교황의 '행복 10계명'을 듣고 사람들은 오랫동안 작지만 그 무엇보다도 중요한 것을 잊고 살았다고 느끼기 시작했어요. 행복을 너무 먼 곳에서 찾고 있었던 것이죠.
    교황의 말씀은 행복은 아주 가까운 곳에서, 나로부터 시작한다는 것을 다시 일깨워 주었어요. 사실 이 10가지만 지키고 살아도 인간은 충분히 행복해질 수 있거든요.
    그런데 왜 교황은 '내 방식대로 살고 남도 그렇게 살게 하자.'라는 항목을 행복 10계명의 첫 번째로 했을까요? 그것은 인권이 잘 지켜지는 곳에서만이 인간은 행복할 수 있다고 믿었기 때문이죠.

인권이란 말 그대로 '인간답게 살 권리'를 말해요. 먼 옛날 노예나 여성, 어린이에겐 인권이 없었어요. 이들은 스스로 선택한 삶을 살지 못했어요. 아무리 원해도 자기 삶의 주인이 될 수 없었지요.

사람이 만족한 삶을 살려면 스스로 선택한 삶을 살 수 있는 여건이 마련되어야 해요. 내 선택을 인정받지 못하면 욕구불만이 생기고 결국 남의 선택도 인정하지 않게 되니까요.

우리가 남들처럼 살려는 것은 안정감 때문이에요. 내가 대다수에 속해 있으면 안정적이죠. 모험이나 위험이 필요 없으니까요. 물론 안정감에 행복을 느끼는 사람도 많지만 그렇지 않은 사람도 많아요. 남들과 좀 다르게 살고 싶은 욕구, 이것 역시 인간의 본성이에요.

『월든Walden』을 쓴 헨리 데이비드 소로는 누구나 부러워하는 명문대 하버드를 나오고도 자연과 벗하며 월든 호숫

프란치스코 교황은 다른 사람과 소통하는 것이 중요하다고 강조했어요.

가에 오두막을 짓고 살았어요. 친구들이 성공 가도를 달릴 때 소로는 일주일에 하루나 이틀만 일하고 일생을 여유롭게 살았어요.

노벨평화상을 탄 왕가리 무타 마타이는 아프리카 케냐에서 태어나서, 여성이 남성의 소유물일 때 동아프리카 최초의 여성 박사가 되었고, 그 배움을 숲을 살리고 힘없는 아프리카 여성들의 인권을 찾는 데 썼어요.

두 사람의 공통점은 남과 다른 길을 선택해서 자신만의 방식으로 삶을 살았다는 거예요. 결국 자기 삶의 주인이 된 것이지요. .당시 사람들은 남들과 다르게 사는 두 사람을 비판하며 삐딱하게 바라보았어요.

나와 다르다는 건 꽤 불편한 일이에요. 가끔 참기 어려울 때도 있어요. 하지만 이런 불편함을 참지 못하면 내 삶 또한 불편해질 수밖에 없어요.

이런 불편함을 참는 훈련은 어릴 때부터 필요해요. 어려서 이런 훈련이 되어 있지 않으면 어른이 되어서 나와 다름을 인정하기는 어려워요.

다른 사람을 이해하고 배려하는데 조금이나마 도움이 되길 바라면서 이 책 『초등생을 위한 인권특강』을 시작해 볼까요?

차례

프롤로그 6

part 1 나는 안전하게 살 권리가 있다

1. 하늘이 내린 권리   19

    인간답게 살 권리, 인권   21

    노란 별 이야기   24

2. 인권 Bible, 세계인권선언   31

    세계인권선언문의 탄생   32

    죽지 못한 부시먼 이야기   35

3. 인권의 시작, 어린이!   41

    어린이헌장   44

    차이는 Yes! 차별은 No!   46

part 2 내 권리는 내가 지킨다

1. 자유, 그것을 위한 갈망! ... 53
   톰 아저씨의 오두막 ... 53
   로자의 버스 ... 58
   헥터 피터슨의 외침 ... 61

2. 단지 여자라는 이유만으로 ... 67

   영국 국왕의 말에 뛰어든 여성 ... 70
   피켓을 들고 거리로 나온 여성들 ... 72
   한국에서 여성으로 산다는 것은 ... 74

3. 악플러, 그들이 사는 세상은? ... 79
   재미 삼아서, 관심받고 싶어서 ... 79
   악플러, 그들의 심리란 ... 84

part 3 나는 남들과 다르게 산다

1. 소수자, 그들이 사는 이야기 93
다양한 민족에 다양한 문화 98
문화의 충돌, 다문화 100

2. 소외된 사람들을 선택한 사람들 107
아프리카로 간 신부님 107
나무 심는 여인, 왕가리 무타 마타이 113
17세 소녀 말랄라, 세상을 변화시키다 120

3. 사랑의 또 다른 이름, 기부 129
아이스 버킷 챌린지 130
재능 기부 134

에필로그 136
참고자료 140

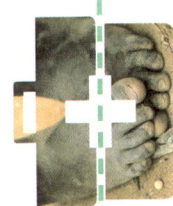

1 하늘이 내린 권리

아주 먼 옛날, 하늘을 다스리는 신 환인의 아들 환웅이 있었다. 환웅은 늘 인간 세계를 내려다보며 그곳을 그리워했다. 아버지가 아들의 마음을 알고는 인간 세계를 내려다보니, 인간을 널리 이롭게 할 만했다. 이에 아들에게 인간 세계에 내려가 그곳을 살기 좋은 곳으로 다스릴 것을 허락했다.

환웅은 바람의 신, 비의 시, 구름의 신과 3천 무리를 거느리고 태백산 꼭대기에 내려와 인간 세상을 다스리고 인간답게 사는 법을 가르쳤다.

그러던 어느 날 곰과 호랑이가 환웅을 찾아와 빌었다.

"제발 사람이 되게 해 주세요."

그러자 환웅이 신비한 쑥 한 움큼과 마늘 20개를 주면서 말했다.

"너희가 이것을 먹고 백일 동안 햇빛을 보지 않는다면 사람이 될 것이다."

곰과 호랑이는 쑥과 마늘을 먹고 동굴에서 살았다. 하지만 호랑이는 참지 못하고 도중에 뛰쳐나갔고, 곰은 끝까지 인내하여 아름다운 여인이 되었다.

여인이 된 곰 '웅녀'는 혼인하여 아이를 낳고 싶었다. 그래서 태백산 꼭대기에 가 아기를 갖게 해 달라고 빌고 또 빌었다. 이것을 본 환웅은 감격하여 잠시 인간의 모습으로 변한 다음 웅녀와 결혼해 아들을 낳았다. 이분이 바로 '단군왕검'이다.

이 이야기는 한국의 첫 나라 고조선을 세운 단군왕검의 건국 신화예요. 아주 먼 옛날, 나라를 세울 때는 그에 맞는 신화가 탄생했어요. 신의 뜻에 따라 그 나라가 세워졌다는

나는 안전하게 살 권리가 있다

뜻으로요. 한국의 처음 나라 고조선에도 이런 의미의 건국 신화가 있는데, 바로 단군신화예요.

단군신화에 "인간을 널리 이롭게 하다."라는 말이 나와요. 이 말을 쉽게 풀어 보면, "인간에게 도움을 주어 인간답게 살 수 있게 하다."라는 뜻이죠. 이것을 홍익인간(弘益人間)이라고 해요. 대한민국은 이 홍익인간을 건국 이념으로 삼았어요. 그렇다면 '인간답게' 사는 건 어떤 걸 말하는 걸까요?

인간답게 살 권리, 인권

사람은 태어나면서부터 기본적으로 얻게 되는 것이 있어요. 바로 인권이에요. 인권(人權)은 사람 인(人)에 누릴 권(權), 즉 사람으로서 당연히 누려야 할 권리를 말해요.

사람은 누구나 다 다르게 태어나요. 우선 외모부터가 전부 달라요. 쌍둥이라 해도 똑같을 순 없죠. 타고난 성격도 모두 달라요. 어떤 사람은 태어나면서부터 얌전한가 하면, 어떤 사람은 태어나면서부터 까탈을 부리기도 해요. 또 미국에서 태어나서 미국 사람이 되는 사람이 있고, 한국에서 태어나 한국 사람이 되기도 하고, 아프리카 사람이 되기도 하죠. 어떤 사람은 남자로 어떤 사람은 여자로 태어나요. 인종 간의 차이도 있어요. 흑인, 백인, 황인.

 사람은 태어나 자라면서 그 환경에 따라 조금 다른 모습이 되어요. 부자였다가 가난해지기도 하고, 한국에 살다가 미국으로 가기도 하고, 많이 배우기도 하고 못 배우기도 하죠. 공부를 잘하기도 하고 못하기도 하고요. 예술적인 재능이 많은 사람이 있는가 하면 전혀 그런 소질이 없는 사람도 있어요. 사람들이 서로 다른 점은 셀 수 없이 많아서 나열조차 할 수 없죠.

 그런데 한 가지 같은 것이 있어요. 바로 인권이에요. 누구에게나 인권이 있어요. 이것은 누구에게도 빼앗길 수 없고, 무엇과도 바꿀 수 없어요.

 사람은 사람이라는 이유만으로도 충분히 소중해요. 이것을 '인간의 존엄성'이라고 하죠. 이런 인간의 존엄성을 지키는 것이 인권이에요. 한마디로 인권은 '하늘이 내린 권

세상에 살고 있는 사람들의 피부 색깔은
모두 조금씩 달라요.

리'라 할 수 있어요.

노란 별 이야기

덴마크에 크리스티안이라는 왕이 살았다. 이 왕에게는 습관이 하나 있었는데, 그것은 아침이면 혼자서 말을 타고 덴마크의 수도 코펜하겐을 둘러보는 것이었다. 왕은 이런 식으로 백성이 사는 모습을 살피었다.

독일의 히틀러가 제2차 세계대전을 일으켰고, 덴마크도 독일 나치의 지배를 받게 되었다. 그런데 나치의 지도자 히틀러는 독일의 고유 혈통인 아리아족의 순수한 피를 이어 가야 한다는 강박증이 있었다. 그래서 다른 민족인 유대인을 몹시 증오했고, 결국에는 유대인을 모두 잡아다가 죽이기에 이르렀다. 그리고 어느 날 덴마크 거리에 '유대인은 가슴에 노란 별을 달고 다닐 것'이라는 경고가 붙었다.

독일군은 가슴에 노란 별을 단 유대인을 끌고 가서 죽였다. 크리스티안 왕은 이 사실을 모른 척할 수 없었다. 덴마크에 사는 유대인도 자신의 백성이기 때문이다.

나는 안전하게 살 권리가 있다

고심 끝에 한 가지 묘안을 생각해 낸 왕은 평소와 마찬가지로 아침에 말을 타며 백성의 삶을 살피었다. 그런데 다른 것이 하나 있었다. 가슴에 노란 별을 달고 있는 것이 아닌가. 유대인들과 똑같은 것으로. 이 모습을 본 덴마크 백성들은 왕의 뜻을 알아차렸다. 그리고 그들도 가슴에 노란 별을 달기 시작했다.

이를 본 독일군은 화가 치밀어 왕에게 물었다.

"왜 이런 행동을 한 겁니까?"

그러자 왕은 대답했다.

"우리 백성의 95퍼센트가 유대인의 피가 섞여 있소."

이 이야기의 제목은 '노란 별'로, 『안네의 일기』가 실화이듯이, 이 이야기도 실화를 바탕으로 했어요. 이 글의 주인공인 크리스티안 10세는 지금도 덴마크 사람들이 가장 존경하는 왕이라고 해요.

덴마크 사람 모두를 잡아들일 수 없었던 독일군은 결국 덴마크에서 유대인을 찾아서 죽이는 일을 포기했어요. 작은 노력이 모여서 거대한 힘을 보여 준 이야기죠.

유대인 백성을 구하려는 크리스티안 왕도 위대하지만 소수자인 유대인을 지키려는 덴마크 국민의 의리는 더 위대했어요. 주변의 약한 이웃을 지키기 위해서 그들은 기꺼이 위험을 감수했으니까요.

전쟁을 일으킨 히틀러는 독일의 순수 혈통인 아리아족을 숭배했어요. 그는 독일에 아리아족 외에 다른 어떤 혈통이 섞이는 것을 극도로 싫어했어요.

히틀러는 독일인과 유대인의 결혼이 날로 늘어나자 독일의 순수 혈통이 사라질까 봐 두려웠어요. 유대인 남성이 계획적으로 독일 여성한테 접근해서 결혼해 독일인의 피에 유대인의 피를 섞으려 한다고 믿었거든요.

히틀러는 아리아족의 순수성을 지킨다는 명목으로 독일에 사는 수많은 유대인과 유랑 민족인 집시들을 무참히 학살했고, 나아가 전쟁에서 이긴 나라들의 유대인까지 모조리 잡아서 죽였어요. 갓 태어난 아기도요.

한 사람의 잘못된 생각 때문에, 약자로 살던 한 민족이

독일 나치 리더 아돌프 히틀러,
제2차 세계대전을 일으켜 수많은 사람을 죽게 했어요.

대량 학살을 당한 것이에요. 이 수많은 죽음에 누가 책임을 져야 할까요? 과연 책임을 질 수 있는 일일까요?

덴마크의 크리스티안 왕처럼 우리는 왜 위험을 무릅쓰면서까지 주변의 약자를 보호해야 하는 걸까요? 동물의 세계는 약육강식(약한 동물은 강한 동물에 먹힘)이 지배해요. 사람도 넓게는 동물이니 똑같다고 생각할 수 있지 않을까요?

원래 인간은 태어나서 독립할 때까지 동물과는 비교도 안 되게 오랜 시간 동안 돌봄을 받아야 해요. 그런데 동물의 세계처럼 인간 세상이 약육강식 세계라면 인간은 어릴 때부터 강한 사람들한테 희생당할 거예요. 또 힘없는 여성들이나 노인들, 병든 사람들은 강한 사람들의 힘 앞에 굴복당하고 말겠지요. 그럼 인간 세계는 폭력이 정당한 사회가 될 거예요.

폭력은 또 다른 폭력을 낳을 수밖에 없어요. 그 폭력을 이기려면 더 강한 폭력이 필요하니까요. 그렇게 되면 인간 세계는 교육을 비롯한 그 어느 것도 필요 없게 되는 것이죠. 그저 강하기만 하면 되니까요. 이런 모습은 절대로 인간의 삶이라 할 수 없어요. 고도의 지능을 지닌 인간이 할 짓이 못 된다는 뜻이죠.

늘 약자이거나 늘 강자인 사람은 드물어요. 사람은 상황에 따라서 약자가 되기도 하고 강자가 되기도 하죠. 그러니 약자일 때는 도움을 받고 강자일 때는 도움의 손길을 내미는 것이 인간의 삶이에요. 약자를 보호하는 따뜻한 손길이 있는 사회만이 사람이 사람답게 살 수 있는 성숙한 사회인 것이지요.

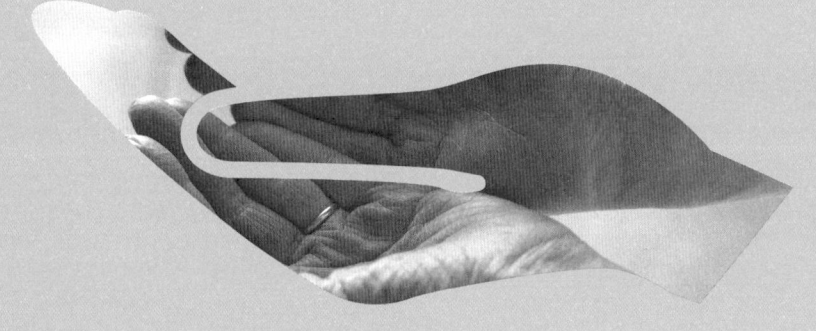

2

인권 Bible, 세계인권선언

    1945년에 끝난 무시무시한 전쟁인 제2차 세계대전은 약 5천만 명이라는 엄청난 사람의 목숨을 앗아 갔어요. 이 전쟁으로 죽은 사람만 대한민국 인구와 맞먹는 숫자였죠. 그러니 다친 사람은 말할 것도 없고 팔다리와 같은 신체 일부를 잃은 사람도 헤아릴 수 없이 많았어요. 이런 결과에 사람들은 엄청난 충격을 받았고, 반성하기 시작했어요. 이런 식으로 전쟁해서 사람을 죽여서는 안 되겠다고 생각한 것이죠. 특히 나치 독일의 유대인 대학살과 같은 야만적인 사건이 다시 일어나면 안 된다고 생각했어요.

수많은 사람의 강력한 요구로 유엔(United Nations, 국제연합)이라는 국제기구가 생겨났어요. 유엔은 주로 전쟁을 막고 평화를 지키는 일을 맡았어요. 또 국가 간에 경제적·사회적으로 돕는 중간 역할도 했어요. 현재는 한국의 반기문 사무총장이 유엔을 이끌고 있어요. 참으로 자랑스러운 일이죠.

세계인권선언문의 탄생

전쟁의 참혹함을 본 사람들은 인권에 관심을 두기 시작했어요. 나치가 지배한 독일처럼 인권을 억압하는 국가가 또다시 탄생해서는 안 된다는 깨달음을 얻었지요. 그래서 1948년, 유엔은 「세계인권선언문」을 완성해서 선포했어요.

이 선언문은 개인의 자유와 권리를 강조했고, 세상 사람들이 자유를 누리며 당당하게 살려면 인간의 존엄성이 모든 삶의 바탕이 되어야 한다고 주장했어요. 또 이 세상의 모든 사람은 언제 어디서든 똑같은 인권을 보장받는다고 강조했어요.

「세계인권선언문」은 30조 항으로 되어 있는데, 쉽고 간단하게 몇 가지를 살펴보면 다음과 같아요.

제1조   사람은 태어날 때부터 자유롭고 존엄하며 평등하다.

제2조   누구든지 차별받지 않는다.

제5조   누구도 고문이나 잔인하고 비인도적인 모욕이나 형벌을 받아서는 안 된다.

제7조   법은 누구에게나 평등하다.

제8조   억울한 일을 당했을 때엔 법의 도움을 받는다.

제19조   생각하고 표현하는 것은 자유다.

제20조   누구나 평화적인 집회에 참여할 자유가 있다.

제22조   누구나 사회보장제도를 누릴 수 있다.

제23조   모든 사람은 원하는 일을 자유롭게 할 수 있다.

제24조   휴식과 여가의 권리가 있다.

제28조   누구나 인권이 실현되는 사회에서 살 자격이 있다.

제29조 모든 사람은 인권을 보장하고 실현되는 사회를 만들 의무가 있다.

제30조 내 권리를 위해서 남의 권리를 짓밟아서는 안 된다.

「세계인권선언문」은 세계적으로 약 250여 개의 언어로 번역되었고, 한국을 포함한 수많은 나라가 이 선언문의 내용을 헌법과 법률로 정했어요.

「세계인권선언문」이 생긴 덕분에 수많은 나라에서 인권이 법으로 정해졌어요. 그 전에는 인권을 법으로 정해 놓은 나라는 거의 없었어요. 유엔은 전 세계에「세계인권선언문」을 선포하면서 인권은 '우리 인류가 꼭 지켜야 할 권리'라고 못 박았어요.

사람이 태어나면서 기본적으로 얻게 되는 인권은 나 스스로 지키는 것이기도 해요. 처음부터 갖고 있던 것이니 지킬 필요가 없다고 생각할 수도 있어요. 하지만 욕심이 많은 인간은 살아가면서 소중한 남의 인권을 함부로 침해하는 경우가 많아요. 그러니 늘 명심해야 해요. 자칫 내 인권

나는 안전하게 살 권리가 있다

을 빼앗겨 삶이 불행해지거나, 나도 모르게 남의 인권을 침해해서 상대방을 불행에 빠트릴지도 모르니까요.

내 인권은 나 스스로 지키고,
남의 인권은 절대로 침해하지 않을 것

인권은 우리가 당연히 누려야 할 권리이며, 이와 동시에 다른 사람의 인권도 꼭 지켜 줘야 해요. 내 인권을 지키려고 남의 인권을 무시한다면 세상은 참으로 무서워질 거예요. 그런 세상에서는 내 인권도 결국엔 사라지고 말죠. 나보다 센 사람이 내 인권을 마구 짓밟을 테니까요.

죽지 못한 부시먼 이야기

스페인의 바뇰레스에 있는 자연사박물관에는 특이한 것이 전시되어 있었다. 키 135센티미터의 부시먼이다. 그는 양손에 방패와 창을 들고 앞을 똑바로 응시하고 있었는데, 금방이라도 창을 던지며 유리관을 뚫고 뛰쳐나올 기세였다. 그런데 더 충격적인 건 이 부시먼이 실제 인간 박제라는 사실이다. 프랑스인 두 명이 부시먼의 고향인 아프리카 보츠와나를 탐험하는 중에 갓 매장한 시체를 파내어 박제로 만든 다음 프랑스로 가져왔고, 결국에는 스페인 박물관에 전시되었다.

이 사실을 안 물리학자 알폰소 아세린 박사는 수치스러워했다. 그는 스페인 정부에 이런 비인간적인 행위를 멈추고 부시먼을 고향으로 돌려보내 달라고 요청했다. 하지만 스페인 정부는 박사의 말에 꿈쩍도 하지 않았다. 부시먼이 이 자연사박물관의 마스코트였기 때문이었다.

화가 난 아세린 박사는 세계 각국의 인권 단체에 이 사실을 알렸다. 그러자 전 세계에서 스페인의 이런 잔혹한 행위에 비난을 퍼부었다. 스페인은 마지못해 100년 가까이 전시해 온 이 부시먼 박제를 철거할 수밖에 없었다.

앞서도 말했듯이 인권은 인간이면 누릴 수 있는 기본적인 권리를 말해요. 민족이나 국가, 인종과는 아무런 상관없이 누구에게나 똑같이 인정되는 권리죠. 죽은 사람도 마

나는 안전하게 살 권리가 있다

찬가지예요. 사람이 죽었다고 그 사람의 인권을 빼앗으면 안 되는 것이에요. 죽은 사람을 위한 최소한의 도리가 있는데, 시체를 마음대로 파내어 박제로 만들다니요.

무덤을 파헤쳐 시체를 꺼내고 박제를 만든 프랑스 탐험가들의 엽기적인 행위나, 그것을 유리관에 넣어 박물관에 전시한 스페인 정부 모두 부시먼의 인권을 잔인하게 짓밟았어요. 참으로 부끄러운 행위지요. 단지 피부색과 민족이 다른 약자라고 해서 그런 멸시를 하는 행위는 큰 죄예요.

'수풀bush 속에 사는 사람'이란 뜻의 부시먼Bushman은 아프리카 칼라하리 사막에 사는 부족이에요. 몸집이 아주 작고 성품이 온순한 것이 특징이죠.

부시먼은 주로 사냥을 해서 먹고사는데, 사냥할 때 꼭 지키는 습관이 있어요. 몸집이 작고 행동이 느린 동물은 사냥하지 않는 거예요. 예를 들면 토끼나 사슴 같은 동물이지요. 왜냐하면 힘없고 행동이 느린 노인들이 사냥하도록 하기 위해서예요. 나무에서 열매를 딸 때는 반드시 다음 해에 다시 열릴 만큼은 남겨 두죠. 또 물을 마시러 오는 동물들

부시먼은 몸집이 아주 작고 성격이 온순한 부족이에요.

을 배려해서 우물가에는 덫을 놓지 않아요. 이렇듯 성품이 착한 탓에 부시먼들은 싸움을 잘할 줄 모르고, 다른 부족들과 백인들의 최신식 무기에 위협당하며 인권을 빼앗겼고 살던 땅에서마저 쫓겨나기도 했어요.

선진국에서 부시먼과 같은 약한 부족들을 괴롭히는 행위는 정정당당하지 못해요. 미국처럼 강한 나라가 이라크와 같은 약한 나라를 침공해 전쟁을 일으키는 행위 역시

나는 안전하게 살 권리가 있다

정당하지 못하지요.

인간관계도 마찬가지예요. 사회에서, 학교에서, 가정에서 내 인권을 지키고, 다른 사람의 인권을 지켜 주는 것은 무척 중요해요.

집에서 아버지가 힘이 세다는 이유만으로 자식들을 때린다면 이것은 분명한 인권 침해예요. 또 학교에서 힘센 남자아이가 키 작은 아이에게 "야, 너 교실에 가서 내 가방 좀 가져와."라고 말하는 것 역시 인권 침해예요.

약자들의 인권을 지켜 줄 줄 아는 사람이 진정으로 인간다운 인간이라 할 수 있어요. 항상 강한 위치에 있는 사람은 별로 없어요. 사람은 상황에 따라 약자가 또는 강자가 되기도 하니까요. 약한 이들의 인권을 지켜 주어야 내가 약자일 때 보호를 받을 수 있다는 것을 꼭 기억하자고요.

3 인권의 시작, 어린이!

어느 날 우연히 손병희(동학의 3대 교주)는 다리 밑을 지나는 중에 거지꼴을 한 꾀죄죄한 아이의 모습이 눈에 들어왔어요. 교주는 그 아이를 집으로 데리고 가서 씻기고 먹을 것을 주었어요. 그 뒤로 아이는 교주와 함께 살면서 가르침을 받았어요. 아이는 잘 성장해서 교주의 신임을 얻었고 그의 딸과 결혼까지 했어요. 이분이 바로 어린이날을 만든 방정환 선생님이에요.

언제나 손병희 교주 집에는 손님이 북적거렸다. 나이 든 사람, 젊은 사람, 아이들. 손님을 맞아들일 때 방정환은 아이들을 딱히 칭할 호칭이 없다는 사실에 고개를 갸우뚱했다. 나이 든 사람은 늙은이, 젊은 사람은 젊은이, 그런데 아이들을 부를 호칭은 없었다. 아이들 교육에 관심이 많던 그는 순우리말로 사람을 높이는 뜻의 '이' 자를 넣어 '어린이'라는 말을 만들었다. 늙은이, 젊은이처럼.

소파 방정환 선생님이 살던 1920년대는 지금과 사뭇 달랐어요. 그때 어린이는 어른에게 무조건 복종하고 순종해야 하는 존재였어요. 어린이한테도 인권이 있다는 생각을 하지 못하던 때였죠. 가난해서 거리에 버려지거나 공장에서 힘든 일을 하며 학대받는 어린이가 많던 시절이었어요.

아무도 어린이를 한 사람의 인격체로 인정하지 않던 그 시절에 방정환 선생님은 어린이들을 잘 가르치고 잘 키우는 것이야말로 미래를 위해서 그 무엇보다도 중요하다고 여겼어요. 어린이가 올바르게 자라서 어른이 되어야 나라

방정환 선생님은 평생 어린이를 위해서 살았어요.

의 미래, 더 나아가 지구의 미래가 밝다고 생각한 것이지요. 그러려면 어린이도 독립적인 존재가 되어야 한다고 믿었어요.

방정환 선생님은 뜻을 같이하는 친구들과 '색동회'라는 단체를 만들었고, 어린이날을 정했어요. 선생님은 〈씩씩하고 참된 어린이가 됩시다. 그리고 늘 서로 사랑하며 도와갑시다〉라는 표어를 내걸고 어린이들을 소중히 여기며 그들이 잘 자랄 수 있는 환경을 만들려고 노력했어요.

어린이헌장

1. 어린이는 따뜻한 가정에서 자라야 하며, 가정이 없는 어린이에게는 대신할 환경을 마련해 주어야 한다.
2. 어린이는 몸과 마음이 튼튼하게 자라도록 균형 있는 영양을 취하고, 질병의 예방과 치료를 받으며 맑고 깨끗한 환경에서 살아야 한다.
3. 어린이는 누구나 교육을 받을 수 있어야 하고, 개인의 능력과 소질에 따라 교육을 받아야 한다.

나는 안전하게 살 권리가 있다

4. 어린이는 빛나는 우리 문화를 이어받아 새로운 문화를 창조하고 발전시키도록 이끌어야 한다.

5. 어린이는 즐겁고 유익한 놀이와 오락을 위한 시설과 환경을 제공받아야 한다.

6. 어린이는 예절과 질서를 지키며 서로 돕고 스스로 책임지는 민주 시민으로 키워야 한다.

7. 어린이는 자연과 예술을 사랑하고 과학을 탐구하는 마음과 태도를 길러야 한다.

8. 어린이는 위험으로부터 보호되어야 하고 안전을 지킬 수 있는 지도를 받아야 한다.

9. 어린이는 학대를 받거나 버림받아서는 안 되고 나쁜 일과 힘겨운 노동에 이용되지 말아야 한다.

10. 장애 어린이는 필요한 교육과 치료를 받아야 하고, 빛나간 어린이는 선도되어야 한다.

11. 어린이는 우리의 내일이며 소망이다. 나라의 앞날을 짊어질 한국인으로, 인류 평화에 이바지할 세계인으로 키운다.

1957년 5월 5일, 대한민국은 제35회 어린이날에 방정환 선생님의 숭고한 뜻을 이어받아 「어린이헌장」을 발표했어요. 모든 어린이가 차별받지 않고 인간의 존엄성을 존중받으며 자랄 수 있어야 한다는 내용을 담고 있어요. 비록 방정환 선생님은 돌아가셨지만 그분이 만든 어린이날 의미는 이 「어린이헌장」에 잘 녹아 있어요. 그러므로 어린이날은 단순히 놀고 어른들로부터 선물이나 받는 날만은 아니에요.

　방정환 선생님 말씀처럼 이 세상의 모든 어린이는 좋은 환경에서 잘 자라나야 할 권리가 있어요. 그러니 어린이날에는 내가 1년 동안 잘 자랐는지, 주변에 도움이 필요한 친구는 없는지, 있다면 그 친구들을 어떻게 살펴 줘야 하는지를 고민해 보아야 해요.

차이는 Yes! 차별은 No!

수군이는 외톨이다. 아무도 함께 놀려고 하지 않는다. 수군이 아버지는 공장에서 일하고 엄마는 캄보디아에서 시집와서 수

나는 안전하게 살 권리가 있다

군이를 낳았다. 엄마가 한국말이 서툴러서 수군이도 한국말을 잘하지 못하는 데다 말까지 더듬는다. 거기다 하는 행동도 또래보다 어려서 아이들의 놀림감이 되기 일쑤였다.

비 오는 어느 날, 어김없이 혼자인 수군이는 우산을 쓰고 골목길을 터벅터벅 걷고 있었다. 그런데 옆 골목을 쓱 지나치면서 보니, 학교 불량배 아이들 몇 명이 여자아이 하나를 윽박지르고 있었다. 모른 척하고 지나가려는데 순간 여자아이의 얼굴이 눈에 들어왔다. 같은 반 보미였다. 공부도 잘하고 예뻐서 선생님의 사랑을 독차지하는.

수군이는 그냥 무시하고 지나쳤지만, 몇 걸음 걸어가다 발걸음을 멈추었다. 마음이 편치 않았다.

'뭐지? 상관없잖아? 보미는 늘 날 깔본단 말이야.'

속으로 이렇게 생각했지만 발길이 떨어지질 않았다. 수군이는 조심조심 큰길로 나가서 마침 지나가는 아저씨들에게 도움을 청해 보미를 구해 냈다.

보미는 수군이가 고마웠다. 그동안 속으로 깔보며 말 한 마디 걸어 주지 않았던 것이 못내 미안했다. 그래서 수군이를 도와야겠다고 생각하고, 수군이에게 한 가지 제안을 했다.

"내가 말 가르쳐 줄게. 네가 놀림을 받는 건 다 말을 더듬기 때문이야. 우리가 하는 말도 못 알아듣고 해서."

"어, 나야 고맙지."

그 뒤로 둘은 1년 내내 붙어 다녔다. 보미는 선생님께 부탁해서 수군이와 짝이 되었고, 귀찮으리만치 수군이에게 말을 걸었다. 집에서나 학교에서나 별로 말이 없던 수군이는 보미와 종일 말하고, 함께 책도 읽어야 했다.

이제 수군이는 말을 거의 더듬지 않고, 책도 버벅거리지 않고 읽게 되었으며, 친구들한테도 놀림을 덜 받는다. 또 보미 말고 다른 친구들도 생겼다.

도움이 필요한 친구에게 손을 내미는 것은 큰 용기가 필요해요. 수군이처럼요. 보미는 부자인 부모 덕분에 부유한 환경에서 자랐고, 수군이는 가난하고 한국말이 서툰 엄마한테서 자라서 부족한 것이 많았어요.

사람은 원래 타고난 외모와 재능이 각각 달라요. 아무리

쌍둥이라 해도 똑같을 순 없지요. 타고난 재능과 외모뿐만이 아니라, 사는 환경에 따라 서로 가진 것도 달라요. 이런 것을 차이라고 하지요. 이런 차이는 이 세상에 있는 생명체에는 모두 다 있어요.

사람은 크게는 피부색에 따라 다르고, 작게는 외모에 따라 달라요. 이것은 내가 선택할 수 있는 것이 아니지요. 백인에 키가 크지만 말을 못 하는 사람, 흑인에 키가 작고 노래를 잘하는 사람 등 사람에 따라 가진 것이 다 다른데, 이런 차이를 인정하지 않고 사람을 차별하는 것은 옳지 않아요.

한번 사람을 차별하는 습관이 붙으면 평생 사람을 구분 지으며 살게 되지요. 그런 삶은 나도 상대방도 힘겹기 마련이에요. 그러니 서로 차이를 인정하고 서로 도우며 사는 습관을 들이자고요. 모두의 행복을 위해서.

1 자유, 그것을 위한 갈망!

톰 아저씨의 오두막

셸비는 노예들에게 마음씨 좋은 주인이었다. 하지만 하던 사업이 망해서 큰 빚을 지게 되자 충실한 노예 톰을 팔아야 했다. 셸비의 아들 조지는 가족처럼 지내던 톰이 팔려 가는 것이 마음 아팠고, 꼭 다시 찾으러 가겠다고 약속했다.

톰은 팔려 가는 도중에 배에서 여자아이 에바의 목숨을 구해 준 덕분에 에바 가족과 한동안 행복하게 살았다. 하지만 에

바와 에바 아버지가 연이어 죽는 바람에 톰은 큰 목화 농장을 경영하는 또 다른 주인에게 팔려 가는 신세가 되었다. 불행히도 이번 주인은 노예들에게 잔인하고 혹독하기 짝이 없었다. 톰은 목화 농장에서 죽도록 혹사당하다 결국 참혹한 죽음을 맞았다. 어른이 된 옛 주인의 아들 조지가 약속을 지키려고 톰을 찾아왔지만 톰은 이미 비참하게 죽은 뒤였다.

이 이야기는 『톰 아저씨의 오두막Uncle Tom's Cabin』의 내용으로, 미국 작가 해리엇 비처 스토가 흑인 노예들의 비참한 삶에 대해서 쓴 글이에요.

1852년, 이 책이 발표되자 미국은 온통 이 이야기로 술렁거렸어요. 당시 미국의 흑인은 거의 다 노예였고, 『톰 아저씨의 오두막』에 나오는 생활과 거의 비슷한 삶을 살고 있었죠. 아니, 오히려 더 비참했어요.

해리엇 비처 스토가 쓴 이야기를 읽고 눈물을 흘리는 사람이 많았고, 노예 제도의 문제점에 대해서 반성의 목소리가 나왔어요.

내 권리는 내가 지킨다

『톰 아저씨의 오두막』을 쓴
해리엇 비처 스토의 초상이에요.

『톰 아저씨의 오두막』이 엄청난 인기를 끌면서, 미약하게 이뤄지던 노예 제도 폐지 운동에 불이 붙기 시작했어요. 똑같은 사람인데, 피부색이 검다는 이유만으로 사람을 노예로 부리며 채찍으로 때리고 쇠사슬로 묶는다는 건 인간의 도리가 아니라고 생각한 것이지요.

노예 제도 폐지 논란은 미국을 북부와 남부로 나뉘게 했고, 급기야는 전쟁(남북전쟁)이 나고 말았어요. 북부는 노예제 폐지에 찬성하고 남부는 반대했죠.

미국은 노예 제도 폐지를 놓고 남과 북으로 갈라져서 전쟁을 했어요.

내 권리는 내가 지킨다

남부에는 목화 농장이 많아서 흑인 노예들의 노동력이 꼭 필요했거든요. 전쟁은 노예 폐지를 주장하는 링컨 대통령이 이끄는 북부가 승리했고, 노예 제도는 폐지되어 흑인들은 자유를 얻었어요.

흑인들이 노예 신분에서 벗어나 자유를 찾았다고는 하나, 이제껏 노예로 살던 그들에게 갑자기 찾아온 자유는 낯설고 힘겨운 것이었어요. 거의 맨몸으로 쫓겨나는 바람에 어떠한 재산도 가지고 있질 않았거든요.

당장 먹고살 일이 걱정이었어요. 어쩔 수 없이 그들은 공장에서 아주 싼 임금을 받고 일해야 했어요. 그 돈으로는 겨우 목숨만 부지할 정도였죠. 자유인이긴 하지만 이전 노예의 삶과 비슷했어요. 죽도록 일만 하는. 백인은 흑인을 자신과 동등한 인간으로 인정하질 않았어요.

노예 해방이 되고도 오랫동안 미국에서 흑인의 지위는 예전과 비교해서 크게 나아지지 않았어요. 흑인은 백인이 다니는 학교나 교회에 다닐 수 없었고, 백인이 운영하는 식당이나 찻집, 호텔에도 갈 수 없었어요.

로자의 버스

1955년 12월 1일, 로자 파크스는 백화점에서 고된 일을 마치고 집으로 가는 버스에 올라 흑인 자리에 가서 앉았다. 정류장을 몇 개 지나면서 백인들 자리가 전부 찼다. 그리고 다음 정류장에서 백인 몇 명이 더 탔다. 버스에는 백인들이 앉을 자리가 없었다. 당연히 흑인이 일어나서 백인에게 자리를 양보해 주어야 했다. 흑인 몇 명이 백인에게 자리를 양보했다. 하지만 로자는 가만히 있었다. 지긋지긋했다. 이런 차별을 더는 참고 싶지 않았다. 여긴 내 자리가 아닌가. 로자가 일어나지 않자 백인들은 분노했고 버스 운전기사는 경찰을 불렀다. 결국 로자는 경찰에 체포되고 말았다.

12월 5일, 전단 수만 장이 흑인들에게 뿌려졌어요. 로자 파크스의 재판 날, 항의의 표시로 버스를 타지 말자는 내용이 담긴 전단이었어요. 그리고 재판 날, 놀랍게도 버스를 탄 흑인들은 거의 없었어요.

난생처음 흑인들이 똘똘 뭉쳐서 자신들의 목소리를 낸

내 권리는 내가 지킨다

로자 파크스가 탔던 몽고메리 버스를 복원한 것으로,
워싱턴 D.C. 내셔널몰 광장에 전시되어 있어요.

사건이었어요. 인종차별을 없애자는 흑인 인권 운동의 서막이 본격적으로 올라갔어요. 마틴 루서 킹 목사가 이 일에 앞장섰어요.

투쟁은 1년이 넘게 지속되었고, 많은 흑인 노동자들이 일터에서 쫓겨났어요. 하지만 이번에는 달랐어요. 포기하지 않은 것이죠. 흑인들은 더는 이런 인종차별 속에서 살

로자 파크스는 버스 사건 이후 평생을 흑인 인권 운동을 하며 살았어요.

수 없다고 생각했어요. 마침내 미합중국 대법원은 백인과 흑인을 구분하는 것은 법에 어긋난다고 판결했어요. 처음으로 맛보는 성취감이었어요. 그리고 강한 의지만 있으면 해낼 수 있다는 자신감을 얻었어요.

흑인들은 로자의 버스 사건을 계기로 계속해서 흑인 인권 운동을 펼쳐 나갔고, 점점 더 많은 권리를 찾기 시작했어요. 그리고 로자 파크스는 이 버스 사건을 계기로 평생 소외당한 사람들을 보살폈고, 시민운동과 강연을 하며 살았어요.

내 권리는 내가 지킨다

헥터 피터슨의 외침

남아프리카공화국(남아공)의 흑인촌 소웨토에 작은 학교가 있었다. 당시 남아공은 네덜란드와 영국의 지배를 받고 있었다. 어느 날 교장 선생님이 학생들을 모아 놓고 선포했다.

"이제 학교 수업은 아프리칸스어와 영어로만 하기로 했다."

헥터 피터슨을 비롯한 학생은 깜짝 놀랐다. 아프리칸스어는 네덜란드 사람들이 영어와 아프리카어를 합쳐서 만든 말인데, 이 말을 아는 학생은 거의 없었다. 남아공은 다른 아프리카 나라들처럼 여러 부족으로 이루어진 나라다. 그래서 공용어가 10개도 넘었다. 이제껏 자기 부족어로 수업을 받지 않았던가. 그런데 이제부터는 영어와 아프리칸스어만 쓰라니.

"백인들이 이제 우리말까지 빼앗으려 한다!"

"이건 말도 안 돼. 가만있을 수 없는 일이야!"

1976년 6월 16일, 소웨토 학생들은 모여서 시위를 했다. 원래대로 부족어로 공부할 수 있게 해 달라는 시위였다. 하지만 경찰들은 총을 들고 사나운 개들을 풀어 학생들을 위협했다. 많은 학생이 경찰이 휘두른 몽둥이에 맞았고 개에게 물

어뜯겼다.

헥터 피터슨은 겁에 질렸다. 너무 무서워서 어디로 도망가야 할지 머뭇거리고 있었다. 그 순간이었다.

"탕! 탕! 탕!"

헥터 피터슨의 눈에 저 멀리서 힘껏 달려오는 형과 누나가 보였다.

"누~~나~~"

그 순간 헥터 피터슨의 다리가 꺾이며 쓰러졌고, 머리에서는 붉은 피가 흘러내렸다. 그것이 마지막이었다.

    12살 소년이 시위 도중에 죽었다는 소식은 남아공 전국으로 퍼져 나갔어요. 흑인들은 슬픔에 잠겼고 분노했어요. 남아공에서 백인은 전체 인구의 20퍼센트도 되지 않았어요. 흑인이 80퍼센트가 넘는데, 어떻게 소수인 백인이 다수인 흑인을 이토록 잔인하게 탄압한단 말인가.

    더 잠을 수 없어진 흑인들은 백인의 인종차별 정책에 반대하는 시위를 벌였어요. 이 과정에서 헤아릴 수 없이 많

소웨토에 있는 헥터 피터슨 박물관이에요.
당시 사고 사진이 걸려 있어요.

은 사람이 목숨을 잃었어요. 하지만 이들은 포기하지 않았고 끝이 보이지 않는 시위를 계속했죠. 그리고 마침내 영어와 아프리칸스어 의무 사용을 철회하게 했고, 흑인들의 투표권도 얻어 냈어요.

1994년 흑인들이 꿈에도 그리던 투표에 참여하면서 남아공은 흑인인 넬슨 만델라가 대통령이 되었어요. 만델라

넬슨 만델라 대통령은 일생을 흑인 인권 운동을 했어요.
그 또한 빈민촌 소웨토 출신이지요.

역시 소웨토 출신으로, 일생을 흑인 인권 운동에 헌신한 분이었죠.

흑인 대통령이 나오고 남아공에서는 인종차별 제도가 많이 바뀌었어요. 하지만 아무리 제도가 바뀐다고 해도 오랜 시간에 걸쳐서 이어 온 사람들의 의식은 단번에 변하지를 않았어요. 그런 의식의 변화는 답답하리만치 느리게 다가왔어요. 미국에서도 흑인인 오바마 대통령이 나왔다고 해서 이제껏 지녔던 미국 사람들의 의식을 완전히 바꾸어 놓지 못한 것처럼요.

한국도 마찬가지예요. 여성 대통령 시대에 사는데도 한국 여성들은 남성과의 평등 지수가 무척 낮아요. 이런 상태에서 아무것도 안 하면 아무 일도 일어나지 않는 법이죠. 무엇보다 여성 정치가나 여성 경영인이 필요한 시기이니, 그 분야에서 일할 꿈을 가져 보는 건 어떤가요? 이것이 큰 변화의 작은 씨앗이 될 수 있으니까요.

2

단지 여자라는 이유만으로

 빅토리아 여왕이 통치하던 19세기 영국은 식민지를 개척하며 전성기를 맞이했어요. 당연히 전성기의 주역은 힘 있는 남성들이었죠. 이렇게 남성들이 권력을 뽐내며 세계로 쭉쭉 뻗어 나갈 때 영국 여성들은 남자들이 벌어 온 돈으로 호화롭게 살았어요. 그들은 연애와 외모 가꾸기, 결혼 등에 온통 관심을 쏟았지요.

 당시의 영국 여성들은 어떻게 해서든지 결혼을 잘해서 상류층 여성으로 떵떵거리며 사는 것이 꿈이었어요. 하지

빅토리아 시대의 여성들은 결혼을 잘해서 상류층으로 사는 것이 꿈이었어요. 하지만 상류층 여성조차도 남성들의 소유물이었지요.

만 이런 상류층 여성들의 사회적 지위도 남성들의 지위와는 비교할 수도 없게 낮았어요.

19세기 영국 민주주의는 남성들, 그것도 돈 있는 남성들을 위한 것이었어요. 영국 정부는 일정액 이상의 세금을 내는 남성들에게만 투표권을 주었어요. 그 뒤 몇 차례 법이 바뀌는 과정에서 돈 없는 남성들도 차례차례 투표권을 얻어 갔어요. 하지만 여전히 여성에게는 투표권이 허락되질 않았어요. 꾸준히 여성들의 투표권을 의회에 올렸지만 남성 정치가들은 거들떠보지도 않았어요.

영국 남성 정치가들은 여성이 투표권을 가지면 남성의 권위가 위태로워진다고 생각했어요. 그런 두려움 때문에 여성의 투표권을 강력히 반대했어요.

영국의 여성운동가들은 분노하고 절망했어요. 도저히 합법적인 방법으로는 투표권을 얻어 낼 수 없을 것 같았거든요. 아무리 의회의 문을 두드리고 또 두드려도 그 문은 굳게 잠겨 있었어요. 방법을 찾지 못한 여성들은 피켓을 들고 거리로 나올 수밖에 없었어요.

영국 국왕의 말에 뛰어든 여성

1913년 6월 4일, 런던의 엡섬에서 경마 대회가 열렸다. 오랜 전통에 따라 국왕의 말 엔머도 참가했다. 경마장은 온통 함성과 흥분의 도가니였다. 말 15마리가 결승점을 향해 질풍처럼 내달렸다. 그런데 어느 순간 군중들의 입에서 비명 소리가 나왔다.

"여성에게 투표권을!"

한 여성이 이렇게 외치며 왕의 말 앞으로 뛰어드는 것이 아닌가. 결국 그 여성은 왕의 말과 부딪혀 내동댕이쳐졌다. 의식을 잃은 여성은 급히 병원으로 옮겨졌으나 목숨을 구하지는 못했다. 다음 날 신문에는 '여성 참정권자, 국왕의 기수를 다치게 하다'라는 제목의 기사가 났다.

국왕의 말에 뛰어든 여성은 38세의 에밀리 데이비슨으로, 옥스퍼드에서 영문학을 전공했고, 꾸준히 여성 투표권을 위해 온 힘을 기울인 사람이에요.

데이비슨이 이런 극단적인 방법을 선택한 건 아무리 투

에밀리 데이비슨이 왕의 말에 부딪힌 뒤 바닥에 쓰러져 있다.

표권을 달라고 외쳐도 남성 정치가들은 꿈쩍도 하지 않았고, 정작 투표할 권리를 위해 싸워야 할 여성들은 외모나 연애 등에만 관심을 보이고 있었기 때문이에요. 그래서 이에 대한 강력한 항의의 표시로 왕의 말에 뛰어들었어요. 불행히도 데이비슨은 끝내 의식을 회복하지 못했지요.

영국 신문 〈더 타임스〉에는 '여성 참정권자, 국왕의 기수를 다치게 하다'라는 제목의 기사가 났어요. 이 제목에서도 알 수 있듯이 당시에는 절박한 한 여성의 참혹한 죽음보다는 왕의 기수 얼굴에 난 상처가 더 중요하다고 생각했어요. 이런 취급을 받자 영국 여성들은 분개했고 들고일어섰어요.

피켓을 들고 거리로 나온 여성들

오랫동안 소중히 여긴 '국민의, 국민에 의한, 국민을 위한 정부'라는 민주주의 원칙도 남성만을 위한 것이다. 국민의 절반인 여성은 완전히 무시당하고 있다. 우리는 스스로 목숨을 끊는 대신 정부의 손에 우리의 목숨을 맡길 것이다. 정부는 우리를 죽이든지 아니면 자유를 주든지, 둘 중 하나를 택해야 할 것이다. 투표권을 얻기 위해 이런 위험을 감수하는 것은 여성만을 위해서가 아니다. 모든 시민이 참여하는 투표를 통해서 이 사회를 더욱 성숙하게 하기 위함이다.

에밀리 데이비슨이 속한 여성사회정치연합을 이끄는 에멀린 팽크허스트는 정부를 향해 이렇게 외쳤어요. 투표권을 얻기 위한 여성들의 성난 외침은 데이비슨의 죽음으로 활화산처럼 폭발했어요. 수많은 여성이 감옥에 잡혀갔고, 감옥에서는 단식투쟁이 이어졌죠.

영국 여성들은 차츰 변하기 시작했어요. 여성운동에 무관심하던 평범한 여성들도 거리로 나와서 투표할 권리를

내 권리는 내가 지킨다

여성들이 거리로 나와 투표권을 달라고 외치는 시위를 하고 있어요.

달라고 외쳤어요. 제1차 세계대전이 일어나서 남성들이 전쟁터로 떠나자 영국 여성들은 남성들이 하던 일을 도맡아 하면서 남성들의 자리를 차지했어요. 그러자 영국 여성들의 지위는 점점 올라갔어요.

드디어 1918년에는 30세 이상의 여성에게, 1929년에는 21세 이상의 남녀 모두에게 투표권이 주어졌어요. 100여 년에 걸친 투표권 투쟁이 결실을 맺은 것이에요. 이런 투쟁 덕분에 지금 영국 여성들은 다양한 분야에서 남성과 동등한 활동을 하고 있어요. 이것은 모두 후배들의 인권을 위해서 위험을 무릅쓰고 싸운 에밀리 데이비슨이나 에멀린 팽크허스트와 같은 선배들 덕분이죠.

한국에서 여성으로 산다는 것은

한국의 여성들에게 투표권이 생긴 때는 1948년이에요. 해방된 이후에 한국에 민주주의라는 제도가 들어왔고, 그때 투표 제도도 함께 들어왔어요.

당시에는 이미 민주주의 국가에서 남녀가 평등하게 투표를 하고 있었기 때문에, 한국에서는 별문제 없이 여성에게 투표권이 주어졌어요.

100여 년에 걸친 긴 투쟁으로 얻어 낸 서양 여성들에게 비하면 한국 여성의 투표권 획득은 조금은 쉬웠다고 할 수 있어요. 하지만 이것 역시 에밀리 데이비슨이나 에멀린 팽크허스트 같은 사람들의 희생이 뒷받침된 것이에요. 서양 여성들에게 투표권이 없었다면 한국 여성에게도 주어지지 않았을 테니까요.

법적으로는 한국 남성과 여성은 평등해요. 법은 그렇지만 한국은 아직 남성 중심 사회에서 벗어나질 못하고 있어요. 전 세계의 남녀평등을 보여 주는 지수를 보면 한국은 2014년 142개 나라 중에서 117위를 했어요. 필리핀이 9위, 베트남이 76위, 우간다가 88위인 것을 보면, 가히 놀랄 만한 결과라 할 수 있어요.

예전과 비하면 비교도 안 될 만큼 높은 학력을 지닌 한국 여성들의 사회·경제·정치적 지위가 이렇게 낮다는 건 반성할 일이에요. 대학과 대학원을 나오고도 여자들이 사회에 진출하지 못하는 경우가 많아요. 겨우 취직한다 해도 결혼과 육아 때문에 다시 그만두는 경우가 허다하죠. 그러다 보니 기업에서도 여성보다는 남성을 먼저 선택하게 되죠.

물론 사회의식도 큰 문제지만 여성들의 생각에도 변화가 필요하죠. 성형과 명품에 마음을 홀딱 빼앗긴 여성 중에

에멀린 팽크허스트의 초상이에요.

는 고학력자들이 훨씬 더 많거든요. 남성들이 사회활동으로 골머리를 썩는 시간에 많은 여성이 외모와 결혼 고민에만 빠져 있어요. 흡사 영국 빅토리아 시대의 여성들과 비슷하다고나 할까요.

    이런 식으로는 절대로 여성의 지위가 높아질 수 없어요. 여성의 지위는 여성이 찾는 것이지, 절대로 남성들이 스스로 내어 주지 않거든요.

    특히 한국 사회는 남성이 중심이 되어 발전했어요. 그러다 보니 거의 모든 사회 시스템이 남성 중심적 구조로 이루어져 있어요. 다시 말하면 여성에게는 몹시 불리하다는 뜻이죠. 남성들이 만든 법률 제도, 남성들이 만든 가정 제도, 남성들이 만든 기업 제도 속에서 여성들은 살고 있어요. 당연히 여성들의 사회활동은 어렵고 억울할 수밖에 없죠.

    하루빨리 여성들이 이 모든 분야에 구석구석까지 스며들어가서 여성에게 불합리한 것을 바꾸어 놓아야 해요. 그래야 남성과 여성이 평등하게 살 수 있는 성숙한 사회를 만들 수 있어요. 이런 사회를 만들고자 각 분야에서 노력하는 여성들이 있지만 아직은 턱없이 부족한 상태죠. 물론 문화를 바꾸는 데는 일정 기간이 필요해요. 그렇다고 마냥 때가 오기를 기다릴 수는 없어요. 어쩌면 그런 시기가 오지 않을 수도 있거든요.

에밀리 데이비슨의 비석에 새겨져 있는 '말이 아닌 행동을Deed, not words'이라는 문구를 곰곰이 생각해 보자고요.

한국 여성이 저 먼 나라의 에밀리 데이비슨과 에멀린 팽크허스트의 희생 덕을 보았듯이, 한국 여성도 당당한 사회인으로 떳떳하게 서서, 후배들이 그 지위를 이어받을 수 있게 하길 바라요. 이런 행동은 한국 여성뿐만이 아닌 저 먼 나라의 여성들에게도 영향을 미칠 테니까요.

3 악플러, 그들이 사는 세상은?

재미 삼아서, 관심받고 싶어서

제발 이것좀 전해주세요 제발. 지금 저희

식당옆 객실에 6명이있어요. 폰도 안되여

유리깨지는 소리 나구요. 아무것도

안보여요. 빨리 식당쪽 사람맘ㄴ ㅎ아요

제발 빨리 구조해주세여

🕐 4월 17일 목요일 오전 11:20

대한민국은 2014년 4월 16일에 일어난 세월호 사고 소식으로 악몽 같은 하루를 지냈어요. 수많은 사람이 배에 갇혀서 생사를 알 수 없었고, 수색 작업은 제대로 이루어지지 않았죠. 모든 국민이 단 한 사람이라도 더 살아 있기를 간절히 기원하며 밤을 보냈어요.

사고 다음 날인 4월 17일 오전, 아직은 그래도 살아 있을 거라는 희망을 품고 세월호 소식에 귀를 기울이고 있을 때 구조 요청 글들이 SNS에 올라오기 시작했어요. 사람들은 배에 갇힌 생존자들이 보내온 메시지라고 생각하며, 빨리 구조팀이 그들을 구해 오기만을 마음을 졸이며 기다리고 있었어요.

조사 결과 이 글들은 모두 장난 글이었어요. 이 소식을 접한 사람들은 모두 혼란에 빠졌죠. SNS에 글을 올린 사람들은 10대부터 40대까지 다양했고, 그들은 자신들이 어떤 잘못을 하고 있는지도 모르고 있었어요. 이런 글이 얼마나 사람들에게 혼란을 줄지, 구조 작업에 어떤 방해가 될지, 또 실종자 가족들에게 어떤 죄를 짓는지조차 알지 못했죠.

잼잼 침몰잼 ㅋㅋㅋㅋㅋ

🕒 4월 16일 오전 9시 59분

물고기들 포식하겠네요. ㅋㅋㅋ

🕒 4월 16일 오전 9시 57분

입에 담기 어려운 심한 글들도 있었어요. 세월호가 침몰하고 있다는 뉴스가 나온 사고 당일에 이런 어처구니없는 글들이 SNS에 줄줄이 올라왔어요.

글을 올린 사람들을 찾아서 이런 글을 올린 이유를 물어봤더니 "그냥 심심해서."라고 답한 사람들이 대부분이었다고 해요. 이런 글들이 세월호 피해자들에게 어떤 상처를 줄지는 생각조차 하지 않았던 것이죠. 그저 "나만 아니면 돼."라는 식의 삶의 방식이 이런 이기적인 사람들을 생산해 낸 것이에요.

한마디로 이들은 인권 의식이 전혀 없었어요. 이들에게 가장 급한 것은 '인권'을 가르쳐서 남을 배려할 줄 알게 하는 거예요. 벌을 주는 것도 중요하지만, 또다시 이런 일이 일어나지 않게 깨달음을 주는 것이 더 중요해요.

인터넷에서 우리는 종종 잔인한 사람들을 만나요. 악플을 다는 사람들, 이른바 악플러라고 부르는 사람들이죠. 악플러들은 세월호 사건에만 문제를 일으킨 건 아니에요. 특히 그들의 주 공격 대상은 연예인이에요. 악플러들의 처참한 공격에 상처를 입은 연예인들은 수없이 많아요. 죽음에 이르게 한 사건들도 있었어요.

가장 대표적인 예가 최진실 씨 죽음이에요. 악플러들의 글로 고통받던 그녀는 우울증이 심해졌고 결국 죽음을 선택했어요. 이 소식을 접한 사람들은 말도 못 할 충격을 받았어요. 최진실 씨는 한국의 톱스타였고 그녀를 아끼는 사람이 많았거든요.

탤런트 박해진 씨 사건도 있었어요. 박해진 씨는 우울증을 앓았고, 그 치료 탓에 군대에 가는 것을 면제받았는데, 이 사실을 안 악플러들이 심하게 공격했어요.

박해진 씨가 받은 정신적인 상처는 헤아릴 수 없이 컸

악플을 달다 보면 점점 괴물로 변해 가요.

어요. 신경이 예민해져서 잠을 거의 못 잤고 거의 먹지도 못했다고 해요.

박해진 씨는 악플러들을 고소했어요. 잡혀 온 악플러들을 보니 사회에 적응하지 못하는 이들도 있었고, 남을 괴롭히는 것이 어떤 것인지도 모르는 사람들도 있었으며, 사회에 대한 분노로 가득 찬 사람들도 있었어요.

그런데 박해진 씨가 그런 악플러들을 대응한 방법은 참 인상적이고 남달랐어요. 그는 그들에게 스스로 잘못을 인정케 했어요. 그리고 용서의 대가로 사회 봉사 활동을 하게 했어요. 게다가 자신도 그 활동에 참여해 악플러들과 함께했어요. 박해진 씨는 이제껏 꾸준히 봉사 활동을 해 오고 있었거든요.

사람들이 박해진 씨의 마음에 감동한 건 자신에게 욕설을 퍼부은 악플러들의 인격을 존중해 주었기 때문이에요. 그는 그들을 무조건 증오하거나 멸시하지 않고 그들이 잘못을 뉘우칠 기회를 주었고 건전한 삶을 살 방법을 제시했어요. 자신의 인권을 해친 사람들의 인권을 존중한 것이에요. 참 멋지죠.

악플러, 그들의 심리란

리포터: 상대방이 볼 수도 있다는 생각은 해 봤나요?

악플러: 그럼요.

리포터: 어떨까요?

악플러: 엄청 기분 나쁘겠죠.

리포터: 그런데도 그렇게 댓글을 다는 이유는요?

악플러: 그게, 기분 나쁘라고 다는 거예요.

리포터: 상대방이 기분 나쁘라고요?

악플러: 상대방이 아니라 댓글 보는 사람이 기분 나쁘라고요. 그래야 "너 미친 것 아니야!"라는 댓글이 달리거든요.

악플러들은 보이지 않는 온라인 공간에서 입에도 담지 못할 욕설을 퍼붓거나 개인을 향한 공격을 하고 있어요. 어떤 악플러는 자기가 쓴 글이 악플인지도 몰라요. 자신이 악플러인지도 모르는 채 쉽게 막말하며 재미 삼아 심한 댓글을 쓰죠.

이들에겐 진실은 상관없어요. 자신이 쓴 댓글이 사람들의 관심을 끌면 그것에 크나큰 쾌감을 느껴서 더 심한 악플을 달아요. 그래야 자극이 되어 반응이 커지니까요. 그저 관심받는 것이, 자신의 존재감이 큰 것이 좋을 뿐, 진실이 무엇이든 관심 없어요.

악플러들은 현실에서의 자신과 인터넷 세상에서의 자신은 완전히 다른 사람이라고 생각해요. 그들은 인터넷상에서의 나는 하고 싶은 말은 모조리 뱉을 수 있지만 현실에서의 나는 그러면 안 된다고 여겨요. 현실에서 불쾌하고 억눌린 감정이 많을수록 인터넷에서 여과 없이 막말을 쏟아 내요. 다른 사람은 상관없이요.

악플러들은 상대방의 아픔에 대해서 전혀 공감할 의도도 필요성도 느끼지 못해요. 그들이 두려워하는 건 오직 고소뿐이에요. 법적으로 걸리느냐 안 걸리느냐가 제일 중요하다고 생각해요. 상대방이 상처받는 건 자신과는 아무런 상관이 없으니까요.

'좋아, 좋아'

말이라는 것, 그리고 글이라는 것은 참 두렵고 무서워요. 누구든지 말이나 글로 상처를 받아 본 경험이 있을 거예요. 사실 이런 상처는 쉽게 아물지 않아요. 마음에 든 시퍼런 멍은 쉽사리 사라지지 않거든요. 그렇기에 내가 남에 대해 나쁜 말을 하거나 나쁜 글을 쓸 때는 생각하고 또 생각하는 고민이 필요해요. 내가 하는 말이나 글이 진심으로 상대방을 위한 것인지, 아니면 그저 내 불만을 표현하거나 스트레스를 풀려는 것인지를요.

어린 시절부터 악성 댓글을 다는 습관을 들이면 어른이 되어서도 그 습관은 쉽게 버려지지가 않아요. 우리가 어릴 때부터 몸에 안 좋은 음식을 먹다 보면 어른이 되어서 병이 생기는 경우가 많아요. 그때야 '아차' 싶어서 먹는 습관을 바꾸려고 노력해요. 하지만 그런 먹는 습관을 바꾸는 건 무척 고통스러운 일이죠.

악성 댓글도 마찬가지예요. 어릴 때부터 나쁜 말을 하고 나쁜 글을 쓰는 건 정신을 병들게 하는 습관이에요. 나쁜 음식이 몸을 병들게 하는 것처럼요. 하지만 마음의 병은 몸의 병보다 훨씬 더 무섭고 고치기도 더 어려워요.

'나빠, 나빠'

나쁜 행동은 나도 모르게 나를 병들게

하고 파멸시켜요. 언제나 입장을 바꿔서 생각해 보는 노력이 필요해요. 내가 단 댓글을 내 입장에서 한번 생각해 보는 거예요. 내가 기분이 상하면 다른 사람들도 마찬가지죠.

많은 사람이 악플을 달면 스트레스가 풀린다고 생각해요. 하지만 이 생각은 틀렸어요. 물론 일시적으로 통쾌하고 후련할 수는 있겠죠. 하지만 그런 습관이 내 인격과 내 생명을 좀먹고 나를 서서히 파멸시켜요. 어느 날 문득 보면, 나는 어느새 스스로 어둠에 갇혀 있고 내 영혼은 악마가 되어 있죠. 잠깐의 통쾌함과 후련함에 대한 대가치고는 너무 가혹한 것이지요.

악플은 내 감정을 해치는 범죄로 마약처럼 스스로를 파괴하는 행위이니 무조건 하지 말아야 해요. 지금 이 순간부터.

얼굴이 보이지 않는 SNS에서도 좋은 매너가 필요해요.

1
소수자,
그들이 사는 이야기

추성훈의 어여쁜 딸 사랑, 요즘 뜨는 가수 강남, 그리고 미국 대통령 오바마의 공통점은 무엇일까요? 바로 다문화 가정 출신이라는 것이에요. 강남은 한국인 어머니와 일본인 아버지 사이에서 태어났고, 오바마는 케냐 출신 흑인 아버지와 미국인 백인 어머니 사이에서 태어났어요. 사람들은 이들을 소수자라고 부르죠. 한국에서 성공하거나 유명한 소수자들은 부러움의 대상이에요. 클로버 중에서 네잎

클로버가 행운의 상징인 것처럼요.

하지만 평범한 소수자들은 어느 사회에서나 고달픈 삶을 살고 있어요. 그나마 선진국은 상황이 좀 낫지만, 가난한 나라에서는 소수자들이 살아가기란 무척 고단하고 힘들죠. 한국 사회에서도 소수자들의 삶은 꽤 고통스러워요.

그럼 소수자란 어떤 사람일까요? 소수자는 한 사회에서 문화나 인종, 종교, 민족이 다른 집단을 말해요. 예를 들면 장애인, 화교, 외국인 노동자, 혼혈인, 다문화 가정, 동성애자, 탈북자 등을 일컬어요.

한국에서는 여성도 소수자예요. 숫자가 꼭 적다고 소수자는 아니에요. 한국처럼 남성이 지배권을 쥐고 사회를 이끄는 남성 위주 사회에서 여성은 소수자예요. 숫자가 아무리 많아도 지배를 받으면 소수자예요.

물론 여성 대통령을 배출한 나라에서 어떻게 여성이 소수자냐는 의문이 들 수도 있어요. 하지만 아무리 여성이 대통령이라도 한국 사회는 아직 남성 위주로 움직이고 있어요. 특히 정치는 거의 남성 손에서 이루어지고 있지요. 대

지구에는 여러 피부 색깔의 사람이 각자의 개성으로 살고 있어요.

통령만 여성일 뿐이지, 국회의원이나 장관에 진출한 여성이 별로 없다는 것만 봐도 알 수 있어요. 앞으로는 좀 달라지길 바라요.

남아프리카공화국(남아공)도 마찬가지예요. 남아공은 인구의 4분의 3이 흑인이에요. 그런데도 세계에서 인종차별이 가장 심한 곳으로, 흑인이 소수자예요.

남아공의 지배층인 백인들은 인종에 따라 사는 곳을 지정하고, 건물에 출입구도 다르게 두었으며, 다른 인종끼리 결혼하는 것도 금지했어요. 당연히 타고 다니는 대중교통 수단도 달랐어요.

한국인도 남아공에 가면 유색인이라고 해서 심한 차별을 받았어요. 간디 전기를 읽어 본 사람이라면 간디가 남아공에서 인도인이라는 이유만으로 얼마나 심한 차별과 모욕을 받았는지 알 거예요.

남아공에서는 흑인도 한국인도 인도인도 다 소수자예요. 1994년에 흑인인 넬슨 만델라가 대통령이 되면서 흑인과 유색인의 환경이 많이 나아졌어요. 하지만 그들은 여전히 사회적·정치적·경제적으로 차별받는 소수자에 머물고 있어요. 한번 소수자가 되면 주류층으로 바뀌기는 무척 어려운 일이에요.

소수자들이 살아가는 데 가장 어려운 점은 외모가 눈에 띈다는 거예요. 누가 봐도 그들의 외모가 달라서 늘 차별 속에서 살아야 해요.

한국 사회에서 외모가 다르다는 건 순탄치 않은 삶을 의미해요. 한국인은 나와 다른 것을 유난히 불편하게 생각해요. 그래서 한국인은 유행에 민감하죠. 미니스커트가 유행하면 대다수가 미니스커트를 입고 다니고, 스키니진이 유행하면 모두 스키니진을 입어요.

각자 개성을 중시하는 서양 사람들과는 다르게 한국 사람들은 같은 것을 좋아해요. 그래야 내가 그 무리에 속해 있다는 소속감을 느끼니까요. 이런 한국 문화 탓에 외모가 다른 장애인들, 외국인 노동자들, 혼혈인 등의 소수자들은 남모를 고통을 당해 왔어요. 한마디로 인권을 빼앗긴 것이에요.

다양한 민족에 다양한 문화

우리가 사는 지구에는 대략 240여 나라와 3천5백여 민족이 있어요. 그리고 각 민족마다 생활 습관이 다르고 중요하게 여기는 가치도 다르죠. 한국처럼 체면을 몹시 소중히 여기는 나라가 있는가 하면, 미국이나 핀란드처럼 체면이 아닌 실리적인 것을 우선시하는 나라도 있어요. 또 사는 방식이 다 다르니 문화도 많이 달라요.

> 미국에 온 지 얼마 안 된 소희는 학교에서 새로 사귄 친구 스티브와 존을 집에 초대했다. 스티브가 먼저 소희네 집에 도착했다. 초인종 소리에 나가 보니 스티브가 웃으면서 서 있었다. 소희는 인사를 하고 들어오라고 했다. 스티브는 현관으로 들어오더니 성큼 집 안으로 들어섰고, 거실에 서 있는 소희 엄마 앞에 와서 "Hello, I'm Steve."라고 자신을 소개했다. 순간 소희 엄마는 물론 소희도 당황했다. 스티브가 집 안에 신발을 신고 들어온 것이다. 뒤이어 도착한 존도 당연하다는 듯이 신발을 신고 들어왔다.

나는 남들과 다르게 산다

우리도 손님이 신발을 신은 채 집 안으로 들어온다면 몹시 당황하겠죠? 하지만 미국에서는 당연한 일이에요. 한국은 집에 들어갈 때 현관에서 신발을 벗지만 미국은 집에서도 신발을 신고 다녀요. 보통은 집 안 바닥에 호텔처럼 양탄자가 깔려 있어요.

한국 사람들은 온돌 문화에 익숙하고 집 안에서 신발을 벗고 사는 것이 몸에 배서 외국에서도 대부분 똑같이 살아요. 거실과 방바닥도 깨끗이 닦아 놓고요. 하지만 미국을 비롯한 서양 사람들은 집 안에서 신발을 신고 지내죠. 한국 사람 방식으로 생각하면 좀 이해가 안 되지만 그것이 그들의 문화예요.

한국의 온돌 문화를 처음 접한 서양 사람들은 몹시 불편하게 생각해요. 그들은 바닥에 앉아서 생활한 적이 거의 없기 때문에 바닥에 앉는 방법을 잘 몰라요. 방바닥에 앉으라고 하면 다리를 쭉 뻗고 앉거나 두 다리를 쩍 벌리고 앉죠. 여자들은 치마를 입은 채로 두 다리를 쩍 벌리고 앉기도 해요. 참 민망하지요.

많은 사람이 익숙하지 않은 문화를 배척하곤 해요. 나와 같지 않으면 불편하고 이해가 안 가기 때문이에요. 그렇다고 나와 다른 것이 틀린 건 아니죠. 단지 다를 뿐이에요. 다름을 이해하는 건 아주 중요해요. 그래야 인간은 더불어 살 수 있거든요.

문화의 충돌, 다문화

지구 상에는 다문화 사회로 이루어진 나라가 아주 많아요. 그중 대표적인 나라가 중국과 미국이에요. 다문화多文化란 문화가 많다는 뜻으로, 여러 문화가 있는 것을 말해요. 쉽게 말해서 한 나라에 여러 민족이 살고 있다고 생각하면 되죠.

문화는 어떤 사회의 주요한 생활 양식을 말해요. 즉 우리가 사는 방식이라고 보면 되죠. 중국은 한족과 55개의 소수 민족이 모여서 나라를 이루고 있어요. 또 미국은 유럽, 아프리카, 아시아, 남미 등 수많은 지역의 이주민이 모여서 형성한 나라로, 대표적인 다문화 사회예요.

이제 한국도 이런 다문화 사회에 접어들었어요. 한국이 다문화 사회가 된 건 동남아 신부가 농촌 총각한테 시집을 오면서 시작되었어요.

1980년대에 농촌에는 여성들이 부족했고, 도시의 여성들은 농촌으로 시집가기를 꺼렸어요. 그러다 보니 농촌 총각들의 결혼이 사회문제가 되었지요. 그래서 찾은 방법이 동남아 신부들을 맞아들이는 거였어요.

요즘에는 결혼하는 10쌍 중 한 쌍 이상이 외국인과 결혼하는 사람이에요. 그만큼 외국인과 사는 것이 평범해졌어요. 이렇게 외국인과 결혼하는 것을 국제결혼이라고 하는데, 국제결혼을 통해 한국으로 신부가 가장 많이 오는 나라는 중국과 베트남, 필리핀, 일본 등이에요.

외국인이 많아지면서 더불어 한국 문화도 무척 다양하고 풍부해졌어요. 외국인들은 한국에 와서 각자 자기 나라의 문화를 퍼트리고 있어요. 처음에는 낯설고 이상하기만 하던 그들의 문화가 이제는 신기하고 호기심 가득하게 바뀌고 있어요.

흐엉은 21살로, 이제 갓 시집온 새댁이다. 베트남에서 결혼식을 올리고 마흔 살인 봉구 신랑과 함께 한국에 며칠 전에 도착했다. 흐엉은 한국에 오면 베트남에서처럼 고생하지 않아도 될 줄 알고 꿈에 부풀었다. 하지만 이 꿈은 한국 집에 도착하면서 무참히 깨졌다.

흐엉의 신혼집은 좁고 낡은 데다 곰팡이까지 피어 있었다. 거기다 시어머니와 시동생도 함께 살아야 했다. 시댁 식구들과 첫 식사 시간에 흐엉은 시어머니한테 잔뜩 혼이 났다. 그것은 식사 도중에 흐엉이 자꾸 밥그릇을 들고 먹었기 때문이다. 베트남에서는 이렇게 하는 게 정상인데, 시어머니는 버릇이 없다

나는 남들과 다르게 산다

며 혼을 내었다. 신랑도 그렇게 하면 안 된다고 식사 때마다 핀잔을 주었다. 주눅이 든 흐엉은 밥을 제대로 먹지 못했다. 쌀도 베트남의 것과는 달라서 소화도 잘되지 않았다. 이뿐만이 아니라, 한국의 문화에 익숙하지 않은 흐엉은 하는 일마다 실수투성이였다. 이런 흐엉의 실수가 못마땅한 시어머니는 수시로 혼을 내었다. 그럴수록 흐엉은 자꾸 주눅이 들었고 고국의 부모님 생각에 눈물지었다.

서로 문화가 다르면 살면서 오해가 생기는 일이 많아요. 특히 한국 사람들은 유독 외국 문화에 대한 이해가 부족한 편이에요. 그래서 다른 문화권에서 온 사람들이 한국에 사는 것이 힘들 때가 많아요.

세상에는 참 다양한 문화가 있어요.
이것이 인간의 삶을 풍요롭게 해 줘요.

한국 사람들은 이제 갓 결혼한 외국인 신부한테 무조건 한국 문화를 따라야 한다고 강요하는 경우가 많아요. 물론 한국에 왔으면 한국 문화를 어느 정도는 익혀야 하죠. 그렇다 해도 무조건 강요할 수는 없어요.

처지가 바뀌어 내가 외국에 갔을 때 그런 걸 강요받는다면 기분이 어떨까요? 선택은 내 몫이어야 하지 않을까요?

사람은 태어나면서부터 익숙한 문화와 습관에서 벗어나기란 참 어려워요. '세 살 버릇이 여든까지 간다.'라는 속담이 있잖아요. 우리가 사는 환경이 변해도 밥과 김치를 먹는 습관을 버리기는 쉽지 않듯이, 그들이 한국 문화를 이해하고 받아들일 시간을 줘야 해요. 다름을 인정하는 것이 곧 인권을 실현하는 행위예요.

사람과의 관계에서 늘 인권을 소중히 여겨야 해요. 그렇게 하면 사람과의 관계가 나쁠 일이 없어요. 내가 남을 배려하면 그 사람도 나를 배려해요. 내가 무시하면 상대방도 나를 무시하죠. 그러니 상대방이 먼저 나를 배려하기를 기다리지 말고 내가 먼저 남을 생각하고 배려하는 습관을 들이자고요. 언제나 먼저 손을 내밀 줄 아는 따뜻한 사람이 되는 건 어떨까요? 그러다 보면 어느덧 내 주위에는 따뜻한 사람들이 넘쳐 날 테니까요.

2 소외된 사람들을 선택한 사람들

아프리카로 간 신부님

수단 사람들이 졸리 선생님이라고 부르는 사람이 있었다. 그의 영어 이름 존 리(Jonh Lee)를 발음대로 부르다 보니 졸리가 되었다. 한국 사람들은 그를 이태석 신부님이라고 부른다. 그는 의사로서 보장된 삶을 포기하고 가톨릭 사제가 되었고, 소외된 사람들을 위해서 아프리카로 떠났다.

그가 택한 곳은 수단의 톤즈라는 마을로, 신학생 시절 봉사 활동을 다녀왔던 곳이다. 그곳엔 병원은 물론 의사도 없었다. 수단은 수십 년 동안 부족끼리 싸우느라고 피비린내가 끊이지 않았다. 세상에서 가장 참혹한 땅이 되어 버린 수단, 그곳에는 상상도 못 할 가난과 질병이 사람들의 목숨을 위협하고 있었다.

수단 톤즈에 도착한 신부님은 아침부터 소매를 걷어붙이며 200명가량의 환자들을 치료하고, 오후가 되면 차를 몰고 거리가 너무 멀어서 병원에 오지 못하는 환자들을 찾아 나섰다. 또 학교를 세우고 아이들을 가르쳐 그들이 희망과 꿈을 키울 수 있게 했다.

어릴 때부터 음악을 좋아한 신부님은 음악이 치유의 효과가 있다는 사실을 알고는 그들에게 노래와 악기를 가르쳐 가난과 전쟁에서 얻은 그들의 고통을 달래었다.

"저기서 뛰어노는 저 아이들은 제가 처음 여기 왔을 때 병으로 죽어 가고 있었어요. 치료를 받고 나았죠. 아마 그때 치료를 하지 않았다면 이 세상에 살아 있지 않을 거예요. 저들처럼 간단한 치료만 받으면 살 수 있는 사람들이 참 많아요.

나는 남들과 다르게 산다

> 힘들어서 절망스러울 때 저 아이들을 보면 다시 충전됩니다.
> 배터리처럼요."

아침 8시, 톤즈 마을 진료소 앞에는 사람들이 수백 미터 줄을 서 있어요. 이태석 신부님한테 진료를 받기 위해 모여든 사람들이에요. 이들 중에는 이틀씩 걸려서 찾아온 사람도 많아요. 사는 곳 주변에 병원이 없기 때문이죠.

이태석 신부님은 우선 입원한 환자들부터 둘러보고는 진료를 시작해요. 지금 수단은 부족들끼리 오랫동안 전쟁 중이라 총을 가지고 다니는 사람들을 흔히 볼 수 있어요. 그러다 보니 총기 사고가 종종 나요. 총에 맞아 목숨이 위태로운 사람들이 병원에 자주 실려 오곤 하죠.

톤즈의 환자들은 영양실조나 피부병인 나환자, 결핵인 경우가 대부분이에요. 깨끗한 곳에서 잘 먹고 약만 먹으면 나을 수 있는 사람들이 태반이지요. 하지만 이곳에서 그런 환경을 바라는 건은 너무 큰 사치예요.

"이곳 사람들은 정말로 약이나 주사의 효과가 큽니다.

아주 약한 항생제나 약도 굉장히 잘 듣습니다. 그만큼 문명의 혜택을 못 받았다고 할 수 있죠. 그러기에 더 마음이 아픕니다. 의사만 만날 수 있으면 살 수 있는 사람들이 수없이 죽어 가고 있으니까요."

신부님은 이렇게 말하며 쓸쓸한 표정을 지었어요.

톤즈의 깜깜한 밤, 모든 불이 꺼져 있는데 흐릿한 불빛이 새어 나오는 곳이 하나 있어요. 바로 신부님이 있는 성당이에요. 원래 밤에는 모두 불을 꺼야 하는데, 성당만큼은 불을 켜 놓아요. 그곳에서 공부하는 학생들이 많기 때문이에요.

아이들은 흐린 불빛 아래에 옹기종기 모여 앉아 서로 교과서를 돌려 보면서 밤늦도록 공부를 해요. 낮에는 집안일을 도와야 하기 때문에 공부할 시간이 별로 없거든요. 누가 시키는 것도 아닌데, 스스로 잠을 줄여 가며 공부를 하고 있어요.

톤즈의 아이들은 책 속에 가난과 질병, 전쟁에서 빠져나올 방법이 있을 거라고 믿어요. 그들의 꿈은 아주 다양

해요. 의사가 되어 아픈 사람들을 고쳐 주고 싶은 아이, 훌륭한 선생님이 되고 싶은 아이, 사회를 바꿀 정치가가 되고 싶은 아이. 이들은 공부를 통해서 지금과는 다른 세상을 꿈꾸고 있어요. 그리고 그 길에 신부님이 함께하고 있다고 생각했어요.

2008년 11월, 신부님은 톤즈의 아이들에게 잠시 한국에 다녀오겠다는 말을 남기고 그곳을 떠났어요. 하지만 신부님은 돌아가겠다던 약속을 지키지 못했어요. 안타깝게도 신부님은 소외된 사람들의 건강만 챙길 줄 알았지, 정작 자신의 건강은 뒷전이었거든요. 신부님은 암에 걸리셨고 결국 1년 만에 세상을 떠나셨어요. 이 소식이 전해지자 한국은 물론 전 세계가 슬퍼했어요.

> 톤즈 사람들은 누군가가 죽었다는 것을 그 무덤을 보지 않고는 믿지 않아요. 졸리 선생님은 우리 톤즈 사람들 마음에 언제나 살아 계실 겁니다.

척박한 땅, 수단 남부의 톤즈에 아름다운 씨앗을 뿌린 이태석 신부님은 "어려운 사람을 도와 주는 것이 곧 나를 도와 주는 것이다."라는 성경 말씀을 온몸으로 실천하신 분이에요.

이태석 신부님을 일컬어 한국의 슈바이처라고 불러요. 슈바이처 박사는 신학자 겸 의사로 1913년에 아프리카로 가서 그곳의 흑인들을 치료하며 여생을 보냈어요. 박사님은 지구 상의 모든 생명을 위협하는 핵 실험에 강력히 반대했어요. 이태석 신부님과 슈바이처 박사님은 서로 살아온 길이 비슷해요. 슈바이처 박사는 이태석 신부님의 롤모델이었지요.

삶을 살아가면서 내가 닮고 싶은 인생의 롤모델을 정해 놓는 것은 아주 중요해요. 그것은 내 인생의 지표가 될 테니까요. 인생의 지표가 나쁜 사람이나 사기꾼인 사람은 없을 거예요. 그렇기에 이런 삶의 지표가 있는 사람은 그렇지 않은 사람들보다 훨씬 더 성숙하고 멋진 삶을 살 수 있어요. 그리고 이런 삶은 어릴 때부터 시작된다는 사실을 잊지 말아야 해요.

나무 심는 여인, 왕가리 무타 마타이

벌새라는 새를 아시나요? 아주 작고 날갯짓이 굉장히 빨라서 마치 나비와도 같은 새입니다.

어느 날 숲에 큰불이 났습니다. 모든 동물이 겁에 질려서 숲에서 뛰쳐나왔습니다. 동물들은 모두 어찌할 바를 모르고 불길은 숲의 가장자리까지 밀려왔습니다. 불길은 점점 커져만 갔습니다. 그런데 이 작은 벌새는 말했죠.

"이 불을 끄려면 뭔가를 해야 해."

다른 동물들은 모두 도망치고 있는데 이 작은 벌새는 꼼짝도 하지 않았습니다.

"난 뭔가 해야겠어."

이렇게 말한 벌새는 가장 가까운 냇가로 날아갔습니다. 그리고 물 한 방울을 가져와서는 불이 난 곳에 뿌렸습니다. 그리고 다시 냇가로 날아가서 물 한 방울을 또 가져와 불 위에 뿌렸습니다. 다른 동물들은 벌새보다 더 큰 부리와 더 큰 입으로 더 많은 물을 가져올 수 있었는데도 그냥 지켜보기만 했습니다. 어찌할 바를 모른 채 걱정과 두려움에 사로잡힌 것이죠.

"내가 뭘 할 수 있겠어?"

이렇게 생각하면서 말입니다. 불이 너무 컸기 때문입니다. 그렇지만 벌새는 계속 왔다 갔다 반복했습니다. 매번 한 방울씩 나르면서 말입니다. 다른 동물들은 벌새에게 말했습니다.

"지금 뭘 하고 있는지 알기나 해? 불이 너무 커 넌 아무것도 할 수가 없어. 이리 와서 우리와 함께 있어. 우리처럼 그냥 가만히 불구경이나 해."

그렇지만 벌새는 계속 숲을 오르내렸습니다.

그러다 다른 동물들한테 한마디 했습니다.

"난 내가 할 수 있는 모든 힘을 다하고 있어."

리사 머튼이 감독한 영화 〈왕가리 마타이, 나무를 심는 여인〉에서 왕가리 무타 마타이가 직접 출연해서 들려준 벌새 이야기예요. 그녀는 어떤 상황에서든 포기하지 말고 최

나는 남들과 다르게 산다

선을 다하자는 메시지를 전하고 싶었어요.

왕가리 무타 마타이는 아프리카 케냐에서 태어났어요. 원래 이름은 왕가리 무타였는데, 결혼하면서 마타이 성이 붙었어요. 아프리카 여성들은 결혼하면 원래 성을 버리고 남편 성을 따라가요. 하지만 그녀는 무타라는 자신의 성을 버리고 싶지 않았어요.

왕가리 무타 마타이는 동아프리카에서 첫 여성 박사였어요. 미국과 독일에 유학도 다녀왔지요. 왕가리는 마음만 먹으면 케냐 상류사회의 풍요로운 삶을 맘껏 누리며 살 수 있었어요. 하지만 남들과는 다른 선택을 했어요. 그녀는 소외된 여성들과 함께 자신의 소신을 펼쳐 나갔어요.

왕가리 무타는 정치인들이 나라의 숲을 밀어내고 높은 빌딩을 지어 개인 재산을 늘리는 것을 보고 분개했어요. 케냐의 녹지는 개발과 농약투성이인 커피나무 재배 때문에 점점 사막화되었어요. 물이 오염되었고, 땔감으로 쓸 나무도 부족했죠. 어쩔 수 없이 가공음식이 늘어났고, 더불어 질병도 함께 늘어나 케냐 국민의 건강을 위협했어요.

나무 심는 여인 왕가리 무타 마타이.
아프리카 여성들이 자신의 목소리를 내며 살길 바랐어요.

　　왕가리는 농촌 여성들과 함께 나무 심기 프로젝트를 시작했어요. 또 여성들과 접촉하면서 여성들의 인권을 보호하는 교육에 많은 노력을 기울였어요. 그녀는 여성들에게 농산물을 제값을 받고 파는 법, 알코올중독 남편을 대하는 법, 가정 폭력에 대처하는 법 등을 알려 주었죠. 더불어 여자아이들도 배워야 한다는 의식도 심어 주었어요. 이런 과정을 통해서 케냐 여성들은 점점 변하기 시작했어요.

커피 농사나 차 농사를 짓는 농부들에게는 그들이 정부나 기업으로부터 얼마나 많은 수입을 갈취당하는지를 알려 주었고, 농민들이 스스로 농민 권리 찾기 캠페인을 주도해 나가도록 이끌었어요.

케냐 사람들은 자신들이 가난하고 질병에 시달리는 것이 모두 정부 탓이라고 여겼어요. 왕가리 무타는 이런 말을 하는 사람들에게, 물론 정치인이 변해야 하지만 국민의 의식도 변해야 한다고 일깨웠어요. 국민이 권리를 행사하고 더 나은 정부가 되라고 요구해야 한다고요. 그러려면 정치의식을 높여서 올바른 정치인을 선택할 줄 알아야 한다고 했어요.

왕가리 무타 마타이가 이끄는 나무 심기 프로젝트인 '그린 벨트 운동'은 전 세계의 주목을 끌었어요. 그리고 이 운동은 크나큰 성공을 거두어, 수많은 나무가 케냐는 물론 전 세계에 심어졌어요. 그러던 어느 날 전화 한 통을 받았어요. 노벨평화상을 받게 되었다는 내용이었어요.

왕가리 무타 마타이는 이 모든 것이 "한 그루의 나무에서 시작되었다."라고 말했어요. 무엇이든 시작은 미미하지만 확신과 열정을 가지고 하다 보면 결과는 따라온다는 뜻이에요.

내일 당장 변화가 오지 않더라도
약간의 차이는 분명히 생긴다.

왕가리 무타 마타이는 1960년 스무 살의 나이로 미국에 가서 대학을 다닌 엘리트였어요. 1960년대에 아프리카에서 그것도 여성이 미국 대학 교육을 받았다는 것은 신이 내린 축복이나 마찬가지였어요. 남성들도 고등학교만 나오면 상류층으로 살 수 있었거든요.

상위 1퍼센트의 교육을 받은 왕가리 무타 마타이는 이런 특혜를 그저 개인의 성공을 위해서 이용하지 않았어요. 왕가리는 남들보다 더 많이 배운 사람들은 그만큼 사회를 위해서, 약자를 위해서 그 배움을 써야 한다고 생각했어요.

그래야 그 사회가 건강하고 올바른 길로 갈 수 있다고 여겼지요.

배운 사람들이 부패한 사회는 점점 더 썩어 들어가 결국에는 회복이 불가능한 사회가 되고 말아요. 배운 사람이 베풀 줄 아는 사회에서는 누구라도 행복해질 수 있어요. 배움은 개인의 발전을 위한 것이기도 하지만 사회의 발전을 위한 것이기도 하거든요.

왕가리 무타 마타이는 이런 사회를 꿈꾸며 자신의 능력을 기꺼이 내어 놓았고, 사회를 변화시키는 데 어떠한 노력도 아끼지 않았으며, 절대로 불의에 굴복하지 않았어요. 그리고 이런 행위가 세계 평화를 지키는 것이라고 굳게 믿었어요.

자신의 배움을 사회를 위해서 쓴 왕가리 무타 마타이, 그녀와 같은 사람이 많은 사회일수록 그곳에 사는 사람들은 행운일 거예요. 나도 이런 행운을 전하는 사람이 된다면 삶의 가치가 달라지지 않을까요?

17세 소녀 말랄라, 세상을 변화시키다

1월 14일, 수요일, 학교의 미래

학교 가는 내내 기분이 찜찜했다. 내일부터 겨울방학인데, 교장 선생님은 개학 날짜를 알려 주지 않았다. 아마도 탈레반이 내일부터 여학생들의 등교를 금했기 때문일 것이다.

아이들은 이번 방학이 신이 나지 않았다. 앞으로 다시는 학교에 못 올지도 모르기 때문이다. 2월에 개학할 수 있을 거라고 긍정적으로 생각하는 아이들도 있었고, 일부 아이들은 학교에 다닐 수 있는 다른 도시로 이사할 거라고 했다.

나는 학교에 다시 오게 될 것이라고 믿었다. 하지만 학교 건물을 나오면서 뒤돌아 보니 마치 다시는 오지 못할 것만 같은 생각이 들었다.

1월 15일 목요일, 포화로 가득한 밤

밤새도록 총성이 울려 퍼졌다. 나는 세 번이나 잠에서 깨었다. 하지만 이제는 학교에 가지 않기 때문에 10시까지 늦잠을 잤다. 친구가 찾아왔고, 우리는 숙제 얘기를 했다.

나는 남들과 다르게 산다

친구가 가고 BBC 방송국과 신문에 난 내 일기를 읽었다. 엄마는 '굴 마카이'라는 내 가명이 마음에 든다며, 아버지께 내 이름을 아예 굴 마카이로 바꾸면 어떻겠느냐고 했다. 나도 그 이름이 마음에 든다. 내 본명이 '슬픔에 잠긴'이란 뜻이기 때문이다.

아버지가 말씀하길, 며칠 전에 어떤 사람이 내가 쓴 일기가 실린 신문을 가져와서는 참 좋은 글이라고 했단다. 아버지는 그저 빙긋이 웃기만 했을 뿐, 그 글이 자신의 딸아이가 쓴 것이라는 말할 수 없었다고 했다.

2009년 12세의 말랄라는 BBC 방송국 블로그에 가명으로 일기를 올렸어요. 탈레반(보수적인 이슬람 세력으로, 여성과 아동에 대한 인권 침해로 전 세계의 비난을 받음)이 여자아이들이 학교에 가는 것을 금하고, 이를 어길 경우 총과 칼로 목숨을 위협한다는 내용이었어요.

말랄라의 고향인 파키스탄 스와트에 들어온 탈레반은 여성은 배울 필요가 없으니 집에서 살림이나 하라는 명령을 내렸어요. 하지만 말랄라는 따를 수 없었어요. 교육만이 파키스탄 여성들을 변화시킬 수 있다고 믿었죠. 말랄라는 이런 사실을 세상을 알리고 싶었어요. 그래서 방송에 출연해 파키스탄 스와트에서 행해지는 탈레반의 횡포를 세상에 알렸어요. 놀랍게도 말랄라의 말에 많은 사람이 주목했고, 말랄라는 세상에 알려졌어요.

하지만 이런 유명세는 탈레반을 자극했어요. 2012년 10월, 이제 겨우 15세인 말랄라가 스쿨버스를 타고 집에 가는 도중에 머리에 총을 맞고 쓰러졌어요. 탈레반의 짓이었죠. 다행히 수술을 받았으나 상태가 심각했고 목숨이 위태로웠어요. 말랄라는 영국 병원으로 옮겨져 치료를 받고 기적적으로 살아났어요.

이 사건을 계기로 파키스탄의 여성 교육은 전 세계인의 관심을 끌었고, '나는 말랄라 I am Malala' 캠페인까지 전개되었어요. 이것은 전 세계 모든 어린이가 학교에 다닐 수 있게 하자는 운동이에요. 영국의 전 총리 고든 브라운이 '나는 말랄라' 캠페인을 이끌었어요.

17세라는 나이로 세상을 변화시킨 말랄라 유사프자이.

말랄라의 조국인 파키스탄에서는 이 캠페인 영향으로 여자아이들도 배우게 해 달라는 목소리가 커졌어요. 결국 파키스탄 정부는 여자들도 교육받을 수 있는 법을 만들었어요. 파키스탄 교육 환경에 변화의 바람이 불기 시작한 것이에요. 새로 학교에 가기 시작한 학생이 20만 명이나 늘었고 그중에 여학생은 3분의 1이 넘는 7만5천 명이었어요. 교육에 투자하는 예산도 30퍼센트나 증가했고요.

죽음의 문턱까지 갔다 온 말랄라는 현재 가족과 함께 영국에서 살면서, 파키스탄과 같은 가난한 나라의 여성과 어린이 교육을 위해 온 힘을 기울이고 있어요.

당찬 이 소녀의 꿈은 파키스탄의 총리가 되는 것이에요. 그녀는 정치를 통해서 조국을 위해 봉사하고 의사처럼 아픈 조국을 치료하고 싶다고 했어요.

2013년 7월 12일, 반기문 유엔 사무총장이 말랄라를 유엔에 초대했어요. 소녀는 수많은 사람들 앞에서 거의 한 시간에 걸쳐 당당히 연설했어요. 연설 내용은 모든 사람이 학교에 갈 수 있고 인권이 보장되는 사회를 만들자는 것이었어요.

> 탈레반은 힘으로 내 목표를 바꿀 수 있다고 생각하겠지만 내 삶에서 변한 건 아무것도 없습니다. 달라진 게 있다면 나약함과 공포, 절망이 사라졌고, 그 대신에 힘과 용기, 그리고 열정이 새로 생겼다는 겁니다. 아이 한 사람, 선생님 한 사람, 펜 하나, 책 한 권이 세상을 바꿀 수 있습니다. 교육만이 유일한 해결책이며 무엇보다도 교육이 우선되어야 합니다.

반기문 총장은 말랄라의 생일이기도 한 이날 7월 12일을 '말랄라의 날 Malala Day'로 정했고, 유엔이 중심이 되어 세상의 모든 아이가 교육을 받을 수 있게 노력할 것이라고 약속했어요.

2014년 말랄라 유사프자이는 17세라는 나이로 노벨평화상 수상자가 되었어요. 이제껏 노벨상 수상자 중 가장 어린 수상자예요. 수상 소감으로 "저에게 노벨평화상이 주어진 것은 그동안 한 일 때문이 아니라 앞으로 일을 더 하라는 뜻이라고 생각합니다. 노벨평화상은 끝이 아니라 출발점입니다."라고 말했어요.

말랄라는 이제 출발점에 서 있어요. 이 소녀가 꾸는 꿈은 그저 평범한 개인의 성공이 아닌, 전 인류를 위한 것이에요. 안타깝게도 풍요로운 나라가 아닌 가난한 나라에서 태어난 당차고 용기 있는 이 소녀는 한국의 십대 소녀들이 대부분 당연한 듯이 누리고 있는 것을 위해 목숨을 걸고 싸웠어요.

말랄라의 꿈은 처음에는 소박했어요. 그저 학교에 다니고 싶었고, 여자들의 교육을 금하는 탈레반 정책의 부당함을 알리고 싶었을 뿐이에요. 그래서 자신이 할 수 있는 일부터 시작한 것이죠. 그것이 방송 출연과 가명으로 BBC 방송국에 글을 올리는 것이었어요.

아마도 말랄라가 이런 행동을 하지 않고 가만히 앉아서 탈레반의 정책에 불평불만만 하고 있었다면 말랄라는 오늘을 맞이하지는 못했을 거예요. 말랄라는 자신만의 방식으로 자신의 인권을 지켜 낸 거예요. 그렇기에 더욱더 큰 삶을 살 기회가 왔어요.

"뜻이 있는 곳에 길이 있다."라는 속담이 있어요. 하고자 하는 의지가 있으면 방법을 찾을 수 있다는 뜻이에요. 내가 어디에 뜻을 두고 사느냐에 따라 내 삶의 방향은 달라지죠. 내 시선이 돈에 머무르면 돈만 보이고, 외모에 머무르면 외모만 신경 쓰이고, 사람에 머무르면 사람이 보이지요.

내 인권을 빼앗기거나 다른 사람의 인권을 빼앗는 삶은 진정한 삶이라 할 수 없어요. 그러니 항상 '내 인권을 스스로 지키고, 다른 사람의 인권은 침해하지 않는다.'라는 기본 방침을 세우고, 더 나아가 다른 사람의 인권을 위해서 내가 할 수 있는 일을 찾아보자고요. 그러면 내 삶은 어느덧 멋진 기회를 맞이하게 될 테니까요. 말랄라처럼요.

3
사랑의
또 다른 이름, 기부

"열정은 성공의 열쇠이며, 성공의 완성은 나눔이다." 이것은 미국의 성공한 기업인 워렌 버핏의 말이에요. 아무리 성공한 사람이라도 함께 나눌 줄 모른다면 진정으로 성공한 것이 아니라는 뜻이지요.

한 나라의 기부 문화와 자원봉사 활동의 규모를 보면 그 나라의 문화 수준을 알 수 있어요. 그만큼 나눔은 성숙한 문화라는 뜻이에요.

예전에는 기부라고 하면 돈이나 물건을 낸다고만 생각했는데, 요즘에는 다양한 모습으로 우리에게 다가오고 있어요. 굳이 돈이나 물건이 아니라 재능으로도 기부할 수 있고, '빅워크Bigwalk'라고 해서 걷기만 해도 기부금이 적립되는 형태도 있어요. 또 인터넷 카페나 블로그 등에서 얻은 해피빈도 원하는 모금함에 기부할 수 있어요.

기부를 한 경험이 있는 사람은 그렇지 않은 사람보다 삶의 만족도가 높고 건강한 삶을 살고 있다고 생각해요. 또 기부하는 것을 보고 자란 사람이 커서 기부할 확률이 훨씬 높아요. 기부도 습관이에요. 아주 좋은 습관이죠. 그리고 좋은 습관이 많은 사람일수록 삶을 잘 살아 낼 수 있어요.

아이스 버킷 챌린지

무연이는 동영상을 하나 전달받았다. 절친인 호영이한테서 온 것이었다. "무얼까?" 궁금한 무연이는 동영상을 클릭해 보았다. 스크린에서는 활짝 웃는 호영이가 얼음물이 든 양동이를 뒤집어쓰고 있었다. 이마가 보이는 단정한 호영이의 머리카락은 물 세례를 받자마자 얼굴을 다 가리며 앞으로 내려왔다. 그 순간 호영이는 "오! 예!"를 외치며 팔을 뻗어 엄지손가락을 들어 보였다.

요즘 많은 사람이 머리 위에 얼음물을 뒤집어쓰고 있는데, '아이스 버킷 챌린지Ice Bucket Challenge'라고 해요. 이 행위는 매우 드문 질병인 루게릭 병에 관심을 가져 달라는 취지로 만든 릴레이 기부 캠페인이에요.

얼음물을 뒤집어쓰는 순간 근육이 수축하며 전해지는 고통이 루게릭 병을 앓는 사람들의 고통과 비슷하다고 해요. 그래서 잠시나마 이런 고통을 함께 나누자는 뜻으로 이 캠페인이 시작되었어요.

아이스 버킷 챌린지는 지목을 받은 사람이 얼음물을 24시간 안에 뒤집어쓰든가 아니면 루게릭 병을 앓는 사람들을 위해서 100달러(10만원)를 기부하는 형식으로 진행되어요.

진행 방식은 우선 동영상 카메라를 켜 놓고 양동이에

준비해 놓은 얼음물을 뒤집어쓰는 거예요. 그러고는 다음에 할 세 사람을 지목해요. 그런 뒤 촬영한 동영상을 SNS에 올리면 되죠.

이 아이스 버킷 챌린지 캠페인은 미국에서 시작되었는데, 빌 게이츠도 이 캠페인에 참여했어요. 한국에서는 연예인들의 참여가 늘어나면서 대중에 알려지게 되었어요. 유재석, 김제동, 박명수, 조인성, 슈퍼주니어 등 수많은 연예인이 이 캠페인에 참여했어요.

어떤 캠페인이든 유명한 사람들이 참여하면 규모가 커지기 마련이에요. 그것은 영향력이 크기 때문이지요. 평범한 나 한 사람이 좋은 일을 함께하자고 권유하는 것과 개그맨 유재석 씨가 권유하는 것은 결과가 엄청나게 다르죠. 그래서 많은 캠페인에 유명인들이 참여해 주기를 바라는 거예요.

사람이 성공해서 유명해지려는 이유는 참 많아요. 그중 하나가 자신의 영향력을 높이는 것이에요. 하지만 이런 영향력은 좋은 일에만 써야 해요. 만약 나쁜 일에 이런 영향

한 남성이 아이스 버킷 챌린지를 하고 있어요.

력을 쓴다면, 또 이런 사람이 자꾸 늘어난다면 그 사회는 점점 썩고 병들고 말 거예요. 병든 사회에서 건강한 삶을 살기란 어려운 일이죠.

유명인들이 어떤 사회의식을 가지고 있느냐도 그 사회의 성숙도를 말하고 있어요. 유명인이 하는 좋은 일이라고 무턱대고 따라 하는 것도 주의해야 해요. 삶은 내 판단대로 살아야 하니까요. 우리는 모두 유명인들의 행동을 잘 판단할 줄 아는 수준 높은 의식을 키워야 해요. 의식이 높아지면 그 사회는 자연스럽게 성숙할 테니까요.

재능 기부

재능을 기부하는 것은 돈을 기부하는 것보다는 좀 더 의미가 깊다고 생각해요. 그래서인지 최근에는 많은 사람이 참여하고 있어요.

말 그대로 '재능 기부'는 자신이 갖고 있는 재능을 기관이나 공공 단체에 기부해서 사회에 공헌하는 제도로, 다양한 곳에서 재능 기부를 필요로 하고 있어요.

의사들이 농촌으로 의료 봉사를 떠나는 것, 노래 잘하는 학생들이 병원 환자들을 위해서 공연하는 것, 학생들이 영어나 컴퓨터, 스마트폰 기능을 할머니 할아버지들께 알려 주는 것, 시각장애인 친구들을 위해서 동화책을 읽어 주는 것 등이 다 재능 기부예요. 이렇게 자신의 재능을 나누다 보면 어느덧 나 자신이 더 성장해 있지요.

 내 재능이 소중한 곳에 쓰인다는 것은 참 매력적인 일이지요. 그리고 나눔은 표현할 수 없는 성취감을 주고 삶을 풍요롭고 윤택하게 해 줘요. 그러니 관심 있게 주변을 한번 둘러보길 바라요.

• 에필로그

혹시 나비 효과butterfly effect라고 들어 봤나요? 어떤 일이 시작될 때 생긴 아주 작은 변화가 결과에서는 매우 큰 차이를 만든다는 이론이에요. 작은 변화가 큰 변화를 만든다는 뜻이죠.

사람이 좋은 일을 할 때는 나비 효과가 나타날 때가 참 많아요. 앞 장에서 다룬 '아이스 버킷 챌린지'나 '나는 말랄라' 캠페인도 나비 효과가 나타나 큰 결과물을 만들어 냈어요. 특히 이런 좋은 일에는 나비 효과가 많이 나타나요. 사랑은 나누면 나눌수록, 베풀면 베풀수록 더욱더 커지기 마련이거든요.

미움과 증오도 마찬가지예요. 누군가를 미워하고 증오하는 마음이 커지면 커질수록 미움과 증오는 한없이 더 커지지요. 이것 역시 나비 효과가 나타나요. 내가 내 옆 친구를 미워하고 괴롭히면 다른 사람도 그 친구를 괴롭히게 되니까요.

사랑이라는 세포는 점점 더 많은 사랑 세포를 번식시키고, 미움이라는 세포는 점점 더 많은 미움 세포를 만들어 내요. 그러니 내 몸을 사랑이라는 세포로 가득 채울지 아니면 미움과 증오라는 세포로 가득 채울지는 나 스스로의 선택이에요.

내 주변에 선행을 베푸는 사람이 많으면 나도 선행을 베풀며 살 가능성이 커요. 내 주변에 이기적이고 좋지 않은 행동을 하는 사람이 많으면 나도 그렇게 살 가능성이 크죠. 그리고 나 또한 주변에 이런 좋고 나쁜 영향을 미치며 살게 되지요.

2014년 10월의 어느 날, SNS에 사진 한 장이 올라왔어요. 초등학교 가을 운동회 날, 달리기에서 5명이 손을 나란히 잡고 결승선을 통과하는 사진이었죠. 사진 제목은 '눈물 나게 고마운 사진'이었어요.

　용인 제일 초등학교 6학년 2반 친구들은 달리기에서 꼴찌만 하던 친구를 위해 한 가지 계획을 세웠어요. 그 친구는 키가 정상적으로 자라지 않는 병을 타고났어요. 그래서 또래보다 팔다리가 훨씬 짧아서 지난 5년 내내 달리기에서 꼴찌만 했어요.

　가을 운동회 날, 출발 신호와 더불어 출발한 아이들은 30미터 정도를 달려 나갔다가 꼴찌로 달리던 친구를 기다려 함께 손을 잡고 달려서 모두 1등으로 들어왔어요. 늘 꼴찌만 했던 아이는 친구들과 손을 잡고 결승선을 통과하면서 눈물을 흘렸어요.

　이 소식을 접한 누리꾼들은 가슴이 뭉클했어요. 어린 친구들의 깊은 우정에 저절로 고개가 숙여졌지요. 사람은 본능적으로 이런 감동적인 이야기를 들으면 마음이 따뜻해지며 눈시울이 뜨거워져요. 나도 모르게 행복해지는 거지요. 반대로 폭행 얘기와 같은 좋지 않은 소식을 들으면 분노가 생기고 화가 치밀어 올라요.

　사람은 서로 도움을 주기도 받기도 하면서 살게 되어 있어요. 이것은 자연의 법칙이죠. 위의 6학년 친구들처럼 우리가 마음만 먹으면 주변 친구들을 위해서 내가 해 줄 일은 아주 많아요. 그러니 언제든지 따뜻한 미소와 손길을 준비하고 주변을 둘러보자고요.

참고자료

『인권이란 무엇인가』 새뮤얼 모인 지음 / 공민희 옮김.

『왕가리 마타이-세상을 빛낸 위대한 여성』 윤해윤 지음.

『헨리 데이비드 소로-세상을 빛낸 위대한 영웅』 밀턴 멜처 지음 / 권혁정 옮김.

『세월호의 진실』 곽동기 지음.

『불편해도 괜찮아』 김두식 지음.

『불편하면 따져봐』 최훈 지음.

『인권과 소수자 이야기』 박경태 지음.

『Pankhurst』 Jad Adams 지음.

국가인권위원회 홈페이지 www.humanrights.go.kr

영국 BBC 방송국 홈페이지 www.news.bbc.co.uk

네이버 지식백과, 소수자, 소수자 집단, 인권.

YouTube, 악플러와의 인터뷰.

위키백과사전, 여성참정권, 남북전쟁, 재능 기부.

지은이 윤해윤

영어영문학을 전공했고, 학교에서 아이들을 가르쳤다. 지금은 청소년들의 사고가 깊어지도록 돕는 저술 활동을 하고 있다. 지은 책으로는 『왕가리 마타이』(한국출판문화진흥원, 대한출판문화협회 선정 2013 올해의 청소년 도서), 『도로시 데이』(행복한 아침독서 추천도서), 『말랄라 유사프자이』(행복한 아침독서 추천도서), 『헬렌 켈러:세상을 밝힌 작은 거인』, 『초등생을 위한 환경특강』(2013년 서울시립어린이도서관 추천도서), 『초등생을 위한 세계문화특강1』(행복한 아침독서 추천도서) 등이 있다.

초등 특강 시리즈
초등생을 위한
인권특강

첫판 1쇄 인쇄 2015년 02월 12일
첫판 4쇄 발행 2020년 01월 10일
지은이 윤해윤
디자인(본문, 표지) 빈집
발행인 권혁정 | **펴낸곳** 나무처럼
주소 고양시 일산동구 강촌로29번길 49, 3층
전화 031-903-7220 | **팩스** 031-903-7230
E-mail nspub@naver.com
ISBN 978-89-92877-31-2 (73330)
제조국 대한민국
사용연령 만 8세 이상 어린이
제조년월 2020년 1월

* 책값은 뒤표지에 있습니다.
ⓒ 나무처럼 2015 Namu Books